天下文化

BELIEVE IN READING

社會人文 BGB448

翻轉白吃的午餐

台灣從小龍年代
到溫水青蛙的警示

高希均 |著|

目錄

卷首語 台灣白吃午餐四十年
——從小龍年代到溫水青蛙的警示　高希均　010

為高希均教授建言作一補充
——台灣獨立沒有「白吃的午餐」　張作錦　021

第一部　迷失在「白吃午餐」中

1 從白吃「午餐」到白吃「盛宴」
——台灣的轉型與發展會是一個悲劇性的結局？　030

2 誰在扭曲理性的公共政策？
——仍然是人性中的「白吃午餐」　036

3 苦悶台灣出現奇蹟
——多數民眾要翻轉「白吃午餐」心態　041

4 從「白吃午餐」的美夢中覺醒 046
5 互比台、中、港、新四地進步指標，台灣殿後
——「政治正確」「白吃午餐」為共犯 051
6 共同推動「新」獨立宣言 057

第二部 糾結於兩岸關係與台灣民主

7 新總統如何克服兩岸難題？
——選「China Plus」或「China Minus」 064
8 兩岸一家親，台北與上海更親 069
9 以陳總統第一年執政困境為戒 074
10 「台灣經濟」繞不繞得過「大陸市場」？ 083
11 台灣如何在退步中自救？ 087
12 投資軟實力，遠比買軍火更迫切
——從旁觀「MAD」到追求「MAP」 092

13 小國如何「不弱」？強國如何「不霸」？ 097

14 為什麼三位總統都做不好經濟？
——都做了自己從政風格的囚犯 103

15 兩岸經濟各奔前程
——「新常態」vs.「新平庸」 107

16 政客變君子，台灣走出政治霧霾 112

17 從日本「二十年失落」中找教訓 116

18 二二八事件七十年，我有一個夢 128

第三部　共鳴之進步觀念

19 「新」台灣人
——改寫台灣生命力的新劇本 136

20 向「平民英雄」學「核心價值」 145

21 下一個賈伯斯在哪裡？ 150
22 為什麼鼎泰豐能在高峰之巔？ 153
23 年輕人要出國學習：接觸陌生，改變自己 158
24 誰決定年輕人的前途？
——答案就是「你自己」 164
25 「老人」的稱呼不全是「依賴者」 170
26 面對無處不在的「濫」，你怎麼辦？ 176
27 欣賞勝過擁有 181
28 企業家的二十五項自我要求 187
29 知識共享及學以致用
——在中興大學母校成立「高希均知識經濟研究室」 192
30 馬雲在台北講話的聯想 196
31 八張機票
——與那一代的眷村子弟林全分享 201

第四部　標竿跨時代人物

32 馬英九和習近平，雙手緊握的是「和平」 208
33 星雲之道：分享大師的一生貢獻 222
34 孫震：「書人合一」的君子與學者 231
35 鄭崇華：第一位「君子企業家」 235
36 蔡長海：醫療和教育志業的巨人 242
37 馬玉山：「誠信」是「冠德」建築的基石 248
38 郝柏村：找回抗戰歷史真相 252
39 蔣經國：深耕台灣 257
40 李國鼎：一位決策者的高貴靈魂 261
41 王作榮：台灣第一位「政策經濟學家」 270
42 王永慶：從「大」企業家到「偉大」企業家 277
43 吳清友：台灣第一位文創企業家 286

第五部　共享人生難得之書

44 讀一流書、做一流人——把「承諾」變成「實踐」 294
45 《謝謝你遲到了》——如何面對加速年代的劇變？ 300
46 《鄧小平改變中國》——傅高義第四本著作的出版 318
47 奈伊：「軟實力」的興起 325
48 布魯克斯：《品格》永不貶值的資產 334
49 文明：沙克斯的《文明的代價》 341
50 革命有理，創新有功——哈默爾的《啟動革命》 345
51 《注意力經濟》：用「注意力」做焦距 357
52 哈佛校長的警告：為什麼大學生學習到太少？ 369
53 《樂在工作》：「樂在工作」與「優質人生」 378

54 生之愛情・死之尊嚴
——瓊瑤以生命寫下：《雪花飄落之前》 385
55 張作錦：《誰說民主不亡國》 394
56 王力行：《請問總統先生》 400

附錄

附錄一
做一位出色的台大人——五個自我要求與五道門檻
二〇〇七年六月，台灣大學畢業典禮致詞全文 高希均 410
附錄二
做一位「內外」兼顧的知識人
二〇一二年六月，清華大學畢業典禮致詞全文 高希均 417

附錄三
從落後農業邁向文明社會——「中興人」要熱情投入
二〇一四年七月，中興大學畢業典禮致詞全文　高希均　426
附錄四
經濟學家的人生實踐——高希均教授的觀念傳播　孫震　431
附錄五
以華人軟實力，深思兩岸和平
——高希均教授對兩岸的貢獻　林祖嘉　439
附錄六
高希均中文著作年表　447

卷首語

台灣白吃午餐四十年

——從小龍年代到溫水青蛙的警示

高希均

（一）產生了「五個必然」

自從四十年前《聯合報》總編輯張作錦勇敢地刊出拙文〈天下哪有白吃的午餐〉一文後，兩岸顯著的對比就更容易看清：大陸在改革開放中快速崛起，台灣在白吃午餐與內鬥討好中逐漸衰落。從一九九六年台灣直選總統以來，最大的白吃午餐受益者與製造者，就是政治人物的競選政見與選民，二者都在討好聲中模糊了判斷與是非，忘記了自己的原則與責任。這些慷他人之慨地提倡「新」白吃午餐者的特色是：

- 以統獨、族群、正名、制憲等意識型態的議題，激化內部的分裂與少數人的情緒，來贏取選舉。
- 再以國家資源、納稅人的錢以及政府舉債，不斷對特定團體、縣市、區域、年齡、產業……透過補助、獎勵、研發、施惠、公共建設等名目，製造出更多的官商勾結、地方勢力、各種財團，並且造成了獨佔與壟斷的既得利益者。

接著產生了五個必然：（1）從政者的「討好」替代了「求好」；（2）既得利益者的要求愈來愈大膽；（3）只要想出冠冕堂皇的計劃名稱，經費就可通行無阻；（4）正派經營的意志愈來愈弱；（5）財政赤字愈來愈不可收拾。在民粹籠罩下，台灣正站在慌張的十字路口。

（二）嚴峻的國內外大環境

一九七〇——八〇年代生命力旺盛的台灣小龍，已變成今天溫水中的青蛙，欲振乏力。這是一個傷感與沉痛的轉變。

有識之士早就看到台灣一步一步地走到這個結局。我只是目擊及評論者之一。重讀這些年來語重心長及相互呼應與重複的文章，只能說自己仍然沒有放棄做一個知識份子的言責。

一九八〇年代末，台灣在浩浩蕩蕩的民主潮流中，沒有政變與流血，贏得了華人世界第一個走向民主國家的讚譽。

令人惋惜的是：除了「投票」的民主，其他的配套完全欠缺，造成了台灣民主根基未堅，民主傳統未建。在一波又一波的選舉中，以仇恨、對立、內鬥來贏取選票聲，「民粹」乘勢而起，「政治正確」替代了理性決策。當國民黨是執政黨時，在立院受到杯葛，議事癱瘓；當民進黨變成執政黨時，立刻靠投票變成了合法的「一黨治國」。

基本上來看，造成台灣衰退的遠因有三：

- 台灣之弊：不擇手段的爭權、奪利以及官商勾結。
- 台灣之病：政治及法律上缺少是非、黑白、對錯。
- 台灣之痛：

（1）「白吃午餐」持續擴大。

（2）「決策錯誤比貪污更可怕」的實例層出不窮。

（3）多數「新台灣人」的表現愈來走向明哲保身的小確幸。難怪資深媒體人張作錦先生要感嘆：「誰說民主不亡國？」但也需要提醒：「誰說壞人沒惡報？」

（三）尋找翻轉的可能

幸虧台灣是衰，還沒有全垮；台灣是有病，還沒有進入太平間。

五十三年前（一九六四）從助理教授開始教書，此後從未間斷探討一國經濟的盛衰、一個世代的教育發展，以及一個社會追求和平的重要。

在這本文集中，匯聚了這些年來的觀察，挑選了五十六篇文章，從不同時間、不同層面、不同場景、不同的人物與他們的著作，簡單地說，自己的注意力聚焦於一個大哉問：如何凝聚與時俱進的、台灣需要的現代觀念：政黨與民主如何運作、政府應該如何有效治理、企業應該如何創新求變、人民應該如何自求多福？

如果這些論述真能感動有政治權力的人，以及握有選票的選民，那麼台灣可以東山再起，重振雄風。

這可以從「四不一沒有」啟動：

- 不做虛報佳音的天使。
- 不做財政赤字的聖誕老人。
- 不做「民粹」下的順民。
- 不在全球進步列車中脫班。
- 沒有開放及穩定的兩岸，就沒有安定的台灣。

政府的領導人和握有權力的首長及民代要記住三個關鍵詞：

- 它不是權力、名位、財勢。
- 它是和平（兩岸）、開放（台灣）、經濟（人民）。

我們社會要對「五個沒有」明白在心：

- 沒有開放，一切空轉。
- 沒有經濟，一切空談。
- 沒有教育，一切空白。
- 沒有文明，一切空洞。
- 沒有和平，一切落空。

如果政治領袖能減少其中一個「沒有」，是C咖；減少二個「沒有」，是B咖；減少三個以上，那就是偉大的A咖。最有可能的是：政治人物只求長期執政，透過不斷的鬥爭與虛浮的建設，持續地在矛盾的、衝突的、空轉的政策中，進退失據，連C咖都做不到。

（四）反對兩岸交流，不顧付出代價

回顧二〇一三年十一月參加亞太經合會歸來的蕭萬長副總統所講的話：「台灣只想參加國際組織，卻不知參加的目標，以及所需付出的代價。」用類似的口吻，讓我提醒：「台灣一些人只想反對兩岸交流，卻不知反對的目標，以及所需付出的代價。」

在各種國際場合，與會人士異口同聲地在提倡「自由化」、「開放性」及「包容度」時，台灣不是被冷落，就是無法在場。

執政時的國民黨，一遇到兩岸問題，就格外小心、遲疑。為什麼？關鍵因素之一是社會上總有一股強烈的四分之一的反對聲音，它完全不成比例地掩蓋了及嚇阻了其他的可能選項。這就是「民主」變成「民粹」的一個可怕

後果。

如果台灣還自認是一個民主社會，那麼民主政治居然是，在國會中執政黨的多數屈服於少數，居然政策是由少數反對者的政治傾向與利益關係而決定。

台灣今天面臨的問題與歐美相似：產業結構趕不上科技、低薪、工作少、貧富差距、老齡化、少子化、社會福利要擴增、稅率不敢調升等。

台灣還有另一組根本性的經濟問題：那就是競爭力衰退、投資不振、輸出不易、人才外流、國際空間不足、簽訂自由貿易協定不易。這些影響台灣經濟長期成長的問題，發生在別的國家難以處理，幸運的是這些棘手問題，完全與兩岸關係的改善相關。只要民選出來的總統及立法委員有智慧、有勇氣來面對，這些問題是有可能化危為安。

自二〇〇七——〇八全球金融危機後，大陸居然奇蹟般地變成了全球第二大經濟體。一世紀以來，貧窮的中國怎麼可能已經是今天美國國債第一大債權人？好幾個大陸省份的一省GDP已超過台灣。

（五）一線生機：「白吃午餐」心態稍改

二〇一五年七月，遠見民調中心在「台灣民眾幸福感大調查」中，有一個重大發現：

「有人說國家應該承擔更多責任來照顧每個人的生活，也有人說個人應該承擔更多責任來照顧自己，您自己比較偏向哪一種？」結果是：

回答個人盡更多責任有六四．一％，接近三分之二的受訪民眾認為：個人應當要盡更多的責任照顧自己。（參閱「3／苦悶台灣出現奇蹟」一文）。

此一民調終於使人樂觀地相信：多數的台灣人民接受了良好的教育，要自己建立幸福的家庭，也要善盡現代公民的責任。

對幾十年來「白吃午餐」態度的轉變，是在反映當前台灣的新民意：從多倚靠「政府」，轉變成多倚靠「自己」；這就刺激公共政策必須走向「開放台灣」：政府要興利、鬆綁、效率；民間要奮鬥、冒險、投資。

（六）「拖垮財政，有你」

值得警覺的是：當人民要減少對政府的「白吃午餐」時，政府本身卻轉向人民來「白吃午餐」。最顯著的一個例子是：公教人員薪資一向偏低，不就是在佔他們的便宜嗎？引起抗爭的調降公教人員退休年金等，不是在毀（悔）改政府的承諾嗎？

概括地說：當政府首長沒有能力提供人民有效率的治理——包括經濟成長、教育品質、社會秩序、永續發展……，他們就是白佔了位置、誤領了薪水、錯失了時機、浪費了公共資源的白吃午餐者。如果再犯法、貪汙、勾結利益團體、擴張自己政治勢力，債留子孫，那更是罪加一等，無法寬容。

中日抗戰中，熱血青年吶喊：「中國不亡，有我。」

當前困境中，小民告訴揮霍的、無能的高官：「拖垮財政，有你。」

（七）跳上「大陸肩」

在二〇一三年十月的亞太經合會與東亞十國會議中，美國總統歐巴馬焦頭爛額地在處理國內政府預算不過，就要關門時，臨時取消出席，大陸領導人習近平、李克強乘機獨領風騷，鼓吹「中國不稱霸」、「中國要緊密地與東盟經濟合作」、「中國鼓勵企業參與鄰國的建設」；大陸已具「大而壯」的實力。

太平洋夠大，可以容納二強，但一強缺席時，北京出現了去「美國化」，德國傳出了中國將是明日世界「首席小提琴手」的聲音。

我們站在中華民國自身利益立場，應當自信地提出：讓大陸的「和平崛起」變成「中華興起」——結合大陸、台灣、香港、澳門。在彼此平等、相互尊重的原則下，共同構建中華民族的興起。

十九世紀的地緣政治在地中海，二十世紀在大西洋，二十一世紀移到了太平洋。台灣曾有過輝煌的經濟起飛，曾推動了華人世界第一個民主社會；但是一九九〇年代以來，跌跌撞撞，既自卑，又自負；想開放鬆綁，又膽小退縮，台灣像溫水中的青蛙已逐漸失去力道，陷入迷失與昏睡之中。

在兩岸對等、尊嚴、透明大原則下，台灣必須設法加快與大陸交流、合作、整合，讓「台灣蛙」再顯活力，跳上第二大經濟體的肩膀，登高望遠，看到各種機會；曲直向前，發展各種可能；進一步，結合「小而美」的台灣與「大而壯」的大陸，共同來「找到出路，走出活路。」

時間怎會在昏睡中的青蛙這邊？（編注：請參閱本書附錄三，高教授在興大畢業典禮致詞「從落後農業邁向文明社會」）

為高希均教授建言作一補充

——台灣獨立沒有「白吃的午餐」

張作錦

一九七七年五月二十七日的《聯合報》上，有一篇高希均教授寫的文章，題為「天下哪有白吃的午餐？」

作為一位主編，那天我接到官方和民間不少稱讚的電話。當時的台灣，正籌畫發展經濟，建設社會，提升教育，各方面都蓄勢待發，正需要一些新思想、新觀念的引領前導，高教授的建言來得正是時候。他告訴同胞大眾，建設國家，不能事事依賴政府，國民也要盡自己的責任。尤不可企望稅賦要少，公用事業價格要低，而社會福利要多。那不切實際，因為羊毛只有出在羊身上。

儘管社會各方對這篇振聾發聵的文章反應熱烈，街談巷議人人都能琅琅上口，但成效究竟如何？

高希均教授最近將有新書出版：《翻轉白吃的午餐——台灣從小龍年代到溫水青蛙的警示》。顧題思義，這就是答案。

為什麼會有這樣的結果？高教授在序文的第一頁就給了解釋：「大陸在改革開放中快速崛起，台灣在白吃午餐與內鬥討好中逐漸衰落。從一九九六年台灣直選總統以來，最大的白吃午餐受益者與製造者，就是政治人物的競選政見與選民。二者都在討好聲中模糊了判斷與是非，忘記了自己的原則與責任。」換言之，台灣不正常的政治，妨害了台灣的正常發展。

台灣政治不正常在哪裡呢？不必諱言，核心點在去中國化，在台灣獨立。聽聽蔡英文總統自去年「五二〇」就職以來，對兩岸問題各種「對抗性」的言論；聽聽巴拿馬斷交時前閣揆游錫堃的發言，「中華民國的邦交國少之又少時，台灣的邦交國就會出現」；再聽聽志在大位者賴清德斬釘截鐵的告白，他「主張台灣獨立」。

惡聲至，必反之。大陸對於台灣這些言論與行動，自然不會沒有反應，於是兩岸官方交流中斷了，陸客不來了，貿易減少了，對外關係風聲鶴唳了。很多國家忌憚大陸外交與經貿實力，選擇與台灣保持距離。民進黨政府還未引領台灣走向獨立，已先使台灣走到孤立。

獨立建國，不是應不應的問題，而是能不能的問題。再往深一層說，也不是能不能的問題，而是願不願付出代價的問題。

筆者曾以學習英語和從事台獨兩事作一連結對照，表面上似比擬不倫，實際上倒也有脈胳可循。

台灣學英語的熱潮數十年不退，各種鼓勵和協助學英語的書籍成群結隊而來，坊間就有《英語三月通》、《英語一月通》的書。後來大概嫌「三月」、「一月」太慢了，乃出現《英語一周通》、《英語三日通》之類的教本。

一輩子自學英語成為翻譯家、當時在香港大學教授高級翻譯課程的思果先生，見獵心喜，在報上撰文說，既然大家都想速成，不願費勁，他就來寫一本《英語不讀通》——不讀就通，夠快了吧？但不讀就通了，這本書誰還買？思果先生大概後來想「通」了，沒有寫。

從這件事「觸類旁通」到推動台灣獨立建國的人士。他們不斷喊口號，不斷向對岸挑戰，不斷向國際嗆聲，雖然發言盈庭，卻從來沒有半句話告訴當事人，也就是生活在台灣的兩千三百萬人，獨立要不要打仗？

他們不說，我們可不能不問；《英語不讀通》固然誘人，但很難教人相信。

清末戊戌維新失敗，六君子的「首席」譚嗣同，本可像康、梁一樣走避國外，但他選擇留在家裡，坐以待捕。他說：「我國兩百年來，未有為民變法流血者，流血請自嗣同始。」

他的血沒有白流，改革不成就革命，後來有「黃花崗七十二烈士」等等千萬青年，前仆後繼，推翻大清帝國，建立了中華民國。

這種革命只是改變了國家的體制，並未脫離這個國家。法國也曾革命，俄國也曾革命，都是改變政體，而未脫離母體。即使是這樣，也是許許多多人的鮮血和生命換來的。

革命而又脫離母體獨立的例子，當然首推美國。美國獨立戰爭從一七七五年開始，到一七八三年巴黎和約結束，與英國前後打了八年，傷亡之重，損失之大，具載史冊，無待詳述。

那麼，台灣若獨立建國，脫離母體中國，會不會打仗呢？官方曾說：會！

二〇〇三年十一月三日立法院開會，立委盧秀燕問國防部副部長陳肇敏說，陳水扁總統規劃二〇〇六年制訂新憲法，二〇〇八年建立新國家，因此〇六到〇八之間兩岸會打仗嗎？陳肇敏肯定答復：「台灣如果獨立，中共一定動武！」國防部還透露，中共若攻台，我方「戰耗動員十二萬八千人」。也就是說，開戰後我們可能耗損十二萬八千人，要動員補充。

當時的立法委員、空軍前聯隊長高仲源指出，中共攻台戰略一定是「始戰即終戰」，不會拖泥帶水，哪有可能等你完成後備動員補充兵力？

即使「只有」十二萬八千人，「彼亦人子也」，哪個不是他們父母的寶貝？從事台灣獨立建國的人士，何以從未告訴我們，台灣若獨立，要不要和對岸打仗？誰去打仗？他們自己會身先士卒嗎？他們的孩子一定會從軍？我們只記得陸軍炮兵學校畢業的施明德說過：「那些搞台獨的人，沒有人的子弟去讀軍校的。」

如果台灣目前真有急統或急獨的迫切性，不惜一戰或尚有可說，但眼下有這種必要嗎？要是打起來，美、日真會援助我們嗎？「政黨輪替」這些年，台灣耽於內鬥，不斷向下沉淪，民眾最盼望的，是執政者能安定政局，勠力建設，減少企業家的徬徨，減少青年人的走投無路，減少失業者的痛苦，減少軍公教警消的憤懣，而不是憑空拿台灣的安全去冒險。

我們固不願過共產制度下的生活，而大陸也並非急於要統一台灣。他們有很多事情要做，只要台灣不圖謀獨立，彼此和平共存，各求進步發展，等待將來時機成熟了再來解決這個難題。這個樣子的維持現狀，不知對台灣有什麼不好？

英儒羅素雖然反共，但他曾說：「赤化勝於死亡（Better red than dead）。」因為活著才能繼續反共，打敗它，或影響它使它質變。台灣跟著台獨人士這樣走下去，赤化和死亡可能二者得兼。

高希均先生寫《天下哪有白吃的午餐》時，還是一位雄姿英發的青年教授，現在正向壯年告別，而筆者早已是一名新聞界的退伍老兵。人可以老去，但國家不可衰老。以眼下兩岸實力的消長來看，以民進黨當局現行的政策路線來看，這樣走下去，台灣不可能再有「白吃午餐四十年」。

願天佑吾土吾民。

（本文作者曾任《世界日報》總編輯，《聯合報》總編輯、社長。二〇一五年獲總統文化獎。現為《聯合報》顧問。）

第一部——迷失在「白吃午餐」中

從一九七七年開始在台灣提出「天下哪有白吃的午餐」，高希均教授一直以此作為檢視台灣政治、社會、經濟、生活品質與文明程度的指標。

脫胎自諾貝爾經濟學獎得主傅利曼的論述，高教授以西方觀念，探照東方社會中人民、政治人物、企業界等呈顯人性中「白吃午餐」的一面。

本篇收錄六篇文章，詳述從一九七七年天下哪有白吃午餐的提倡，二十年後（一九九七）再觀察到「白吃盛宴」的出現，一直到二〇一五年民主化後的「政治正確」討好選民。

四十年來白吃午餐的問題在台灣，已從早期政府保護的心態，進化到民粹化的選舉支票，變成政治人物與人民都在白吃午餐。六篇文章，明確與犀利地分析白吃午餐之惡化及可能解決之道。

—編按—

01

從白吃「午餐」到白吃「盛宴」
——台灣的轉型與發展會是一個悲劇性的結局？

白吃「盛宴」的悲劇能否中止？
就全靠領導階層的危機意識與「頭家」的不再冷漠。

四十年前的台灣

四十年前（一九七七年五月二十七日），我在《聯合報》上發表了〈天下哪有白吃的午餐〉一文，在普遍的共鳴之中，也立刻引起了一些爭論。這個觀念的原始推廣者芝加哥大學教授傅利曼（Milton Friedman）來台訪問時，語重心長地指出：「白吃午餐」在美國提出時也曾遭到詰難，但對經濟效率的提升卻有莫大的助益。

當時台灣每人國民所得只有一千三百美元，社會上仍然瀰漫著貧窮心態的延伸——市場要保護、企業要津貼、老百姓要照顧、政府要施捨。這是當時社會上一種天經地義的認知。誰若從國外回來向這些根深柢固的觀念挑戰，誰就陷入了「外來的和尚會念經」與「不知國情」的批判。

我自己深知在推廣進步觀念的過程中，先有風雨，再有藍天。

去大陸傳播

一九九六年十二月以「天下哪有白吃的午餐」為書名的一本短論集，由北京三聯書店出版，似乎立刻受到大陸讀者的注意；書評與銷售，居然比當時台灣社會的反應更熱烈。

一九九七年四月中旬在南京大學、東南大學、上海交大等五個學府所做的演講，即以「白吃午餐」為主題。我告訴那裡年輕的研究生與大學生：這個觀念在「鐵飯碗」的保障下，更需要推廣：

（一）什麼事情都要付出成本，世界上沒有不勞而穫的事。

（二）羊毛出在羊身上，不要誤以為自己可以一廂情願的佔便宜。

（三）魚與熊掌不可得兼，必須要在二者之中做一痛苦的選擇。

（四）追求任何政策目標，不能空開支票，任何政見的兌現必須要付出代價。

如果因為這個觀念的推廣，愈少人在白吃午餐，那麼社會也就愈容易進步。

民主台灣的省思

從一九七七年以來，台灣有不少可以令人驕傲的成就，特別在經貿的拓展上；但也有太多令人憂心的發展，特別是政治人物（包括各級民意代表）

的言與行，帶來了一連串難以想像的後果。

在這些政治人物本身錯誤示範及百般縱容之下，有一些人可以不擇手段地貪財、貪名、貪權。最令老百姓看得目瞪口呆的是：不少人三者都能一起獲得。

大家尊重的是非標準、用人原則、法律規範、道德倫理，受到了空前的顛覆。「白吃午餐」的提醒完全置之腦後，他們變成了一九九〇年代後的台灣社會新貴——最大的白吃午餐者。他們的笑臉出現在媒體，他們的聲音出現在廟堂，他們的影響力出現在府會。事實上，只要有財、名、權的場合，他們無所不在。

面對這些新貴——名位、財勢、權力的掠奪者，老百姓的心慌了，老百姓的心痛了，老百姓也不得不走向總統府抗議了！

當治安惡化，人民失去保障時；當投資環境惡化，企業家失去投資意願時；當生活品質惡化，大眾失去生活樂趣時；當金權、特權、黑道愈來愈相互依恃，公平競爭喪失時，台灣已不再是一個有尊嚴的社會，也不再是可以安身立命的地方。

這是一個多麼難堪的諷刺——當台灣選民已無所恐懼，享有言論自由與祕密投票權時，我們得到了民主的表象，但還無法享受到法治與公平的實質利益。

是豪飲，更是豪賭

一九七〇年代，台灣的老百姓雖有「白吃午餐」的流行心態，但領導階層的廉潔、自愛，與有守、有為，終使台灣在各方面躍升；現今的台灣，老百姓與中小企業已都能自求多福，鮮少有白吃午餐的心理與行為，反而是政治人物與巨商，相互利用彼此的關係與資源，產生了密不可分的畸形政商關係。

那些高官、民代與巨商是「新」白吃午餐者，不再是當年小老百姓要貪的小便宜；巨商們以政治獻金與理念表態做一本萬利的投資，來交換政治人物可以提供的國家資源與名位。

這已從白吃「午餐」提升到白吃「盛宴」。盛宴之中，他們舉杯豪飲與密商，事實上是醉了是非；更在同一局中，以國家名位與資源做豪賭，輸掉了公務員的操守與公正、企業家的形象與社會責任。

從四十年前呼籲大家要少白吃「午餐」，到台灣高官、民代與巨商的一起白吃「盛宴」，這個觀念的滄桑，所反映的豈只是一個知識份子的失望，更是一個多元化社會的悲劇。

白吃「盛宴」的悲劇能否中止，就全靠領導階層的危機意識與「頭家」的不再冷漠。我不相信這觀念只有這樣的悲劇性結局，那就太低估了台灣選民的力量。

一九九七年五月

二〇一七年七月更新

02

誰在扭曲理性的公共政策？

——仍然是人性中的「白吃午餐」

減少「白吃午餐」的最基本方法，
就是「有能力者多負擔」以及「使用者付費」。
不祛除人性中太多的自私與自利，
就無法產生理性的公共政策。

二〇〇八年全球經濟進入衰退以來，一國接一國，一波接一波，負責決策的總統、總理、總裁都陷入決策困境。在政治民主、社會多元、輿論分歧、政黨對立、選舉壓力的現況下，執政黨的任何公共政策——稅收的增或減、利率的增或減、社會福利的增或減、政府支出的增或減，以及任何政策工具的組合……都無法在國會中順利通過。

全球陷入「政策癱瘓」

比經濟衰退更嚴重的是政策癱瘓；是因為政策癱瘓，才使經濟衰退更束手無策；也才會產生第二次衰退的可能。

面對癱瘓的局面，我不斷地在思考，有什麼力量可以打開這種政策「僵持」與對抗「死結」？有什麼願景可以超越政治，超越意識型態？有什麼理念，可以改善人性最根本的弱點，擔心稅會增加，害怕福利會減少？

先列舉一些近年來你與我這些「新台灣人」都想到過的可能性：

（一）以「新台灣人」與「大格局」來化解省籍情結。

（二）以「命運共同體」來凝聚全民力量。

（三）以「維持現狀」與「贏得和平」來擱置統獨爭辯，追求兩岸雙贏。
（四）以提升「全球競爭力」與「台灣優勢」，來激勵全民創造力。
（五）以厚植「軟實力」，做為政府與民間共同追求的目標。
（六）以教育改革、和平紅利、文化創意、終身學習等，開創下一個百年輝煌。

所有這些理性的呼喚，並沒有減輕台灣社會內鬥、冷漠、貪婪、自私的病態；唯一的「成果」，或許是激發了民間的生命力。

「白吃午餐」的嚴重

此刻我必須指出：只要有民主選舉，政治人物就只敢「討好」，不敢「求好」；只要有人類，人的本性就要多得好處，少付成本。在台灣，人人都是不同形式的白吃午餐者。以政府補貼的油價、電價、水費、營養午餐為例，在沒有排富條款下，個個都在享受補貼。它無所不在，也視為是政績；財政赤字的增加，幾乎無人重視。

一九五〇年代成長的一個眷村子弟，看到台灣二〇一〇年代一些縣市長提供了免費的營養午餐，零費用的入學，免費的老人裝牙……以及老人津貼，老農補助，老人坐車優待，過節敬老金，真覺得「人間處處有溫暖」；但是想到這些支出，內心又有沉重的焦慮：所有這些「免費」，錢從哪裡來？下一代子孫來償還這一代的慷慨？為什麼沒有「排富」條款？為什麼對那些有能力的人還要補貼？為什麼不能把省下的這些津貼，來做更迫切需要的事？所有這些免費、補貼、優待，都是民主政治中用來滿足選民的自私自利，以及獲取選票。

原則上我只贊成一種「白吃午餐」：對真正收入低，或無法工作的人與家庭。政府對他們當然要設法照顧，民間也要來協助。除此之外，沒有人——特別是非低所得者，怎麼還要有白吃午餐的心態？台灣的平均稅負（相對於國民生產毛額計算）已經不到百分之十三，比先進國家的百分之三十至四十，落後太多。我們要認清：平均稅負低，並不代表政府效率高，而是反映社會上公共投資過低，社會福利不足，公平負擔欠缺。當政府沒有足夠經費時，台灣怎麼能出現國際水準的重大建設？合理的教育投資與公教人員的合理待遇？

減少「白吃午餐」的最基本方法，就是「有能力者多負擔」以及「使用者付費」。不袪除人性中太多的自私與自利，就無法產生理性的公共政策。

二〇一一年十一月

03

苦悶台灣出現奇蹟

——多數民眾要翻轉「白吃午餐」心態

公共政策走向「開放台灣」，
政府要興利、鬆綁、效率；
民間要奮鬥、冒險、投資。

誰開第一槍？

「取消免費營養午餐，誰敢開第一槍？」這是《聯合報》〈願景工程：午餐改革〉二〇一五年七月二十一日六版的大標題。天天看滿天烏雲的新聞，看到了一道反思曙光。報導指出：全台共有八個縣市，所有國中、小學學生，學校提供完全免費的營養午餐，其中六縣市債務都逾百億。結尾中說：「諺語『天下沒有白吃的午餐』，在今日有了諷刺的現實意義。」事實上台東縣早已在三年前就勇敢而務實地實施「孩童免費午餐排富」。我在二〇一四年九月寫了〈白吃午餐與福利排富〉一文，支持台東縣黃縣長的改革。台中市前教育局長賴清標也在二十二日民意論壇表示「免費午餐非必須」。台東縣早已起步，其他陷入財政困境的縣市還不急起直追嗎？

挑戰經國先生德政

先讓我對「白吃午餐」做一個回顧。一九七七年提出要減少此一心態時，就被指責是在挑戰強勢領導經國先生的德政。

當時台灣每人國民所得只有一千三美元（相當於當前的十六分之一）。社會上瀰漫著貧窮與倚賴心態——市場要保護、企業要獎勵、物價不能漲、稅收不能加、補貼不能減、政府要施捨、人民要照顧。這是社會上一種天經地義的認知，任何人向這些根深柢固的觀念挑戰，就是「不懂國情」。

四十年來，各國都有了驚人的變化。顯著的對比就是：大陸在開放中快速崛起，台灣在內鬥中逐漸衰落。自從一九九六年台灣直選總統以來，最大的白吃午餐製造者，就是參選的政治人物與競選政見。

出現了翻轉奇蹟

就在這沉悶時刻，遠見民調中心在「台灣民眾幸福感大調查」（二〇一五年六月）中，發現了一個石破天驚的答案：

「有人說國家應該承擔更多責任來照顧每個人的生活，也有人說個人應該承擔更多責任來照顧自己，您自己比較偏向哪一種？」在一〇四六樣本數（一〇〇%）中，答案是這樣的：

- 全體合計：個人盡更多責任為六四・一%（男性六五・四%，女性

六二・七%）

- 國家盡更多責任為三〇・三%（男性三〇%，女性三〇・七%）
- 不知道／未回答為五・六%（男性四・六%，女性六・六%）

接近三分之二的台灣民眾認為：個人應當要盡更多的責任照顧自己。什麼都在罵政府，什麼都要靠政府的民粹下，民眾這樣的認知不是「奇蹟」嗎？

再做交叉比較，認為個人應盡更多責任者，出現了下面的數據：

- 地方：以基宜花東最高（六九・七%），高屏澎最低（五七・九%）。
- 年齡：以三十～三十九歲最高（六九・一%），六十歲以上最低（五二・七%）。
- 教育程度：高中職及大學以上高於六七%，國小及以下五〇・三%。
- 職業：民營部門最高（七二%），軍公教（六二・八%）。
- 家庭：沒結婚最高（七〇・三%），結婚有孩子最低（六一・四%）。
- 月收入：四萬以上者（七〇%），不到二萬（五一・六%）。

這次遠見民調使人聯想到：台灣人民有良好的教育，想盡現代公民的責任，要建立自己獨立的家庭，因此就在不斷地反省與思考。

減少資源分配的扭曲

「白吃午餐」的翻轉，是在反映當前台灣的新民意：從多倚靠「政府」，轉變成多倚靠「自己」。這就刺激公共政策走向「開放台灣」，政府要興利、鬆綁、效率；民間要奮鬥、冒險、投資。

我曾討論過當前十個「若有所失」的指標，如政府「失能」、國會「失職」、媒體「失信」、企業「失責」、經濟「失調」等。當近三分之二的民眾已經認為個人要多承擔責任時，那麼改革藍圖的第一步就是：政府嚴格控制它的權責：把「大有為」變成「有所不為」；減少那隻「有形的手」來牽制「無形的手」。政府要管得少，管得好；而不是愈管愈多，愈管愈糟。

二〇一五年七月

04 從「白吃午餐」的美夢中覺醒

面對當前六項缺失：
媒體失態、國會失責、政府失能、市場失靈、企業失常、貧窮失衡，
上天也只有一個回答：
「一切須從『白吃午餐』的美夢中驚醒。」

政府貼心照顧

「小而美」的台灣，在生活中特別感受到「美不勝收」。

在生活周邊的小圈圈中，全被「小確幸」包圍。與許久未見面的朋友相聚，還不好明說這種「小幸福感」。

台灣二萬餘美元的每人所得，全球排名二十多名，卻奇蹟式地享受到高所得國家中難以找到的政府照顧：低廉的電價、油價、捷運票價、水費、學費、健保費等。

出國多年的僑民，回來很容易地辦妥新的國民身分證。四個月後，即使從未付過稅，便可得到外國人都稱讚的健保。他們短期回來，主要的節目，就是充分利用幾乎是免費而又優秀的台灣醫療。

政府對美好的生活安排，還不只這些。縣市政府還有對學童，提供免費午餐；對長者有敬老金；對小孩的照顧，外語的學習，弱勢者的優待等，真是琳琅滿目。

這種人間幸福，不在北歐，就在身邊的台灣。放眼世界，最貼心的還是台灣在所有國家中，居然有極低的整體租稅負擔率，十二・二%。比大陸與韓國低了七個百分點，比其他歐美國家則低了十個到三十個百分點。這真使外國人嘖嘖稱奇：稅率低、福利高，台灣人民的幸福變成一個「現代傳奇」。

即使這樣低的稅率，這樣優厚的補貼，不少利益團體，不斷地用「正義」「公平」的大帽子，持續壓住政府，要把白吃「午餐」提升到白吃「盛宴」的規格。只要有選舉，就有機會爭取更多的「白吃」。有人怕選舉會輸，利益團體則是永遠的贏家。

台灣還有大陸觀光客意想不到的「言論」自由和「行動」自由。抗議、示威、丟鞋、網上發聲、當面罵官員，不要有勇氣，只要有時間。台灣與一百卅多個國家有免簽證的約定，台灣人全天候在機場進出。退休的人，尤其出國旅遊勤快，其樂融融。

可惜白吃午餐，終要面對結帳的時刻。帳倒底誰來付？結局當然只有一個：政府不斷舉債。民主政治的弊病，是政黨不斷開選舉支票，並且彼此惡性加碼，隨之而來的是公債年年攀升，已經到了財政危機爆發的前夕。

真實面令人痛心

真實的台灣，不少人早已沉痛地指出：「媒體誤國」。歸納出所帶來的可怕後果：

- 把「壞」消息當成能熱賣的「好」新聞。
- 把做壞事的「惡人」，當成「名人」。
- 把翻雲覆雨的「政客」當成「英雄」。
- 把信口開河的「對答」當成「專家」。
- 把違反做人做事原則的「叛逆」當成「好漢」。
- 把堅守原則的「君子」，當成傻瓜。

這是言論自由與市場經濟下出現的痛心現象：報導商業化、新聞娛樂化、犯罪戲劇化、評論兩極化、善良邊緣化、正派人物惡意醜化。

這些後果與現象的擴大與張力，又形成了當前六項缺失：媒體失態、國會失責、政府失能、市場失靈、企業失常、貧富失衡。

這就是台灣矛盾：既有小確幸，更有大缺失。

難題必須從自己做起

這個使人不敢承認的真相，是經年累月政府、國會、媒體、企業、民眾在膽怯、囂張、偏執、私利、短視的集體行為與相互影響下的產物。那麼台灣人民該怎麼辦？

這是難解之結。從歐美社會發展的經驗中，自己在想：戰爭不能解決的，求政治；政治不能解決的，求經貿；經貿不能解決的，只能求上天。上天的回答：「一切得從『白吃午餐』的美夢中覺醒。」

一九五〇年代在南港長大的眷村子弟，只學會一件事：「一切靠自己。」

二〇一五年五月

05

互比台、中、港、新四地進步指標，台灣殿後

——「政治正確」「白吃午餐」為共犯

在不接受「九二共識」下，兩岸能持續穩定交流？

在不增加稅收下，在不推動使用者付費下，提供更多社會福利？

在不痛下決心、六親不認下，國會可以改革，媒體可以回歸正道，

政商勾結可以減少？

誰有本領做得到？

二〇一六年我問總統參選人：你要用什麼方法及策略保證能「改變」今天衰退的台灣：

（一）馬總統已為台灣的持久和平搭建了兩岸橋，你要如何做一位自信的「過橋人」，超越和平，爭取兩岸間更多的開放、機會、及利益？

（二）多年難解的問題一個個都需要解決：從年金到廢核，從高齡化到少子化，從低物價到低薪資，從小確幸到「確不幸」。參選人有什麼「政策」既可治標，又可治本？從競選文宣中看到的政策，都是畫餅充飢，難以落實；即使有目標，也缺少工具，更沒有財源。這就是為什麼我聽到這種不厚道，卻又真實的評語：二〇一六年一月誰當選，誰就最倒楣。

政治「領袖」選擇政治「正確」

台灣「民粹」已經從「部份民眾偏執的看法」，變成：（一）「只有立場，不問是非」；（二）「順我者贏，逆我者敗」。

在這麼一個發言權不對稱的惡劣環境下，政治領袖個個都變成了「政治正確」的演說家：見什麼人說什麼話。

（一）對青年學生說：「學費當然不能漲。」

（二）對家長說：「營養午餐給每一個學生。」

（三）對民眾說：「物價不能漲，電費、水費、車費、故宮門票……當然不能漲；社會福利還要改進，育嬰假還要延長，老人年金還要改善，勞工假還要增加……還有我最重要的承諾，稅不能加。」這就是幾十年來原汁原味的「政治正確」的競選語言。這也正是台灣經濟走上希臘化的捷徑。

一般民眾要過的就是一種小康的、安定的、幸福感的生活，但是在兩黨對立、國會癱瘓、媒體誤國、經濟衰退的現實下，這樣的小確幸是難以持久的；二〇一五年十二月號《遠見》雜誌就做了一個四地華人社會進步指標的調查比較（見頁五十四：「台、中、港、新四地比較」），檢視台灣社會的相對地位。這個結果對困頓中的台灣更是當頭棒喝。

台、中、港、新四地比較，社會進步九個指標

—台灣　—大陸　—香港　—新加坡

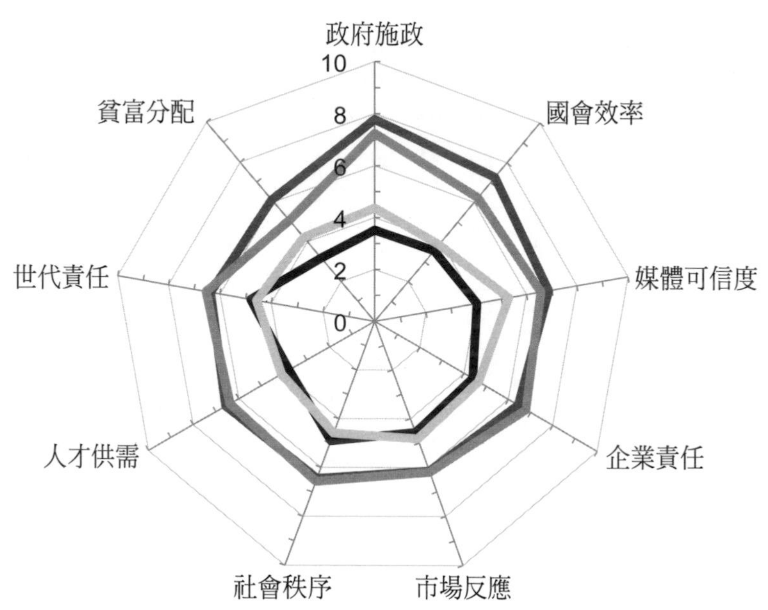

資料來源：《遠見》雜誌二〇一五年十二月號

台、中、港、新的社會進步指標

整體而言，新加坡一枝獨秀，大陸位居第二，香港和台灣落後。九角型圖解中，新加坡是最外圈，分數最高，表現最好；台灣最內圈，分數最低，表現最差。再看一些細項：

- 近半的民眾自認新加坡「最進步」，只有九%左右的台灣人與香港人自認「最進步」。
- 新加坡和大陸對「政府施政」滿意排名首位，「貧富分配」則排名最後。
- 台灣民眾自評九項中，其中七項為四地調查中分數最低。
- 民眾最不滿意的三項是「貧富分配」、「政府施政」、「國會效率」。
- 「媒體可信度」在四地九項各自評分中，香港第一，新加坡第三，大陸第四，台灣最低第五。

解讀調查的二位教授洪永泰與薛承泰，提醒台灣民眾：不要陷入下意識地或習慣地自我唱衰。否則，與其他地區評比時，可能出現過度「自我感覺不好」。

這麼多年來，「政治正確」下，人民被慣壞的白吃午餐心態，早已使國家財政山窮水盡。不再立刻勇敢地、大規模地、合理地調升稅率、費率、行政效率及價格，在缺少財力支撐下，任何政見，都變成空頭支票。白吃午餐快要斷炊了，桌上還端得出牛肉嗎？

李光耀曾告訴新加坡人民：「世界決定了新加坡的命運。新加坡毫無選擇，必須改變。」台灣必須改變，要成功地「改變」，參選人還需要先認罪：政治語言愈正確，國家方向愈迷失。

二〇一五年十二月

06

共同推動「新」獨立宣言

這個世界最可靠的不是政府承諾，
而是自己的志氣；
此刻最需要的志氣：
就是拒絕「白吃午餐」。

經濟獨立最為重要

美國獨立宣言，發表在一七七六年七月四日。「新」獨立宣言是我以退休年齡的長者身分，獨自宣佈：「人人必須尋求自己的經濟獨立。」沒有一個現代人不嚮往「獨立」——尤其是思想獨立與行為獨立；甚至拋頭顱、灑熱血，就是要爭取獨立的民主體制——自由、人權、法治、正義、公平等。我自己何其幸運在一生的關鍵歲月中，生活在自由與開放的美國校園裡。

今天的台灣人民，已一無恐懼地享受到台灣的民主果實；可惜的是在民主沒有成熟扎根前，就演變成了民粹！且已陷入到束手無策的地步。

「新獨立」宣言是指：做為一個現代人，不要常常依賴政府，不要時時想佔政府便宜。在市場經濟運作下，如果個人沒有經濟上的自主，那會比失去政治上的民主更痛苦。諾貝爾文學獎得主莫言在史丹佛大學演講時，形容一九六〇年代初期大陸家庭的貧窮。他說：「因為吃，我曾經喪失過自尊；因為吃，我曾經被別人像狗一樣地凌辱；因為吃，我才發憤走上創作之路。」

因此，古今中外「窮」是最可怕的敵人。

推動五階段的獨立人生

這個世界最可靠的不是政府的承諾，而是自己的志氣；此刻最需要的志氣：就是拒絕「白吃午餐」——除了低所得及弱勢團體外——大家都需要接受這種必然：排富條款、使用者付費、以及能者多付稅。

新政府有太多的施政要推動；給人民更多的「白吃午餐」是絕大的誘惑，但絕不是理性的選項。新政府要提倡的「新」獨立宣言，就是「經濟獨立」。

讓我提出「新」獨立宣言中人生五個階段論：

第一階段：求學階段，自己的功課自己做。
第二階段：踏入社會，自己的工作自己找。
第三階段：建立家庭，自己的幸福自己建。
第四階段：事業奮鬥，自己的舞台自己創。
第五階段：夕陽餘暉，自己的晚年自己顧。

學習「自立」最重要階段，是從幼年開始：從小就要養成自己動手、動腦；流汗、流淚；用力、用心。親人、師友、同學、鄰居、同事都可以當「推手」，但自己必須要上台演出，走在第一線。別人可以幫忙，但不能替代。臨門一腳要靠自己。

人生中最重要的名片不是家世，而是自己的本領——學識、技能、人品、態度的總和。這些資產是不能以遺產方式來自上一代，下一代必須要靠自己的努力才能獲得。大部分的人都像你我一樣，生長在小貧與小康的家庭，養成了我們獨立奮鬥的性格，自己要面對每一次困難，珍惜每一個機會，克服每一次挑戰。

年長者的自述

自己工作了一輩子，如果晚年不能獨立地安排自己的晚年，豈不是功虧一簣？到了晚年，如有政府的照顧，子女的孝順，要把這些看成「額外」及「意外」的好意，不能視為當然。

不要認為這種說法是高調，而是回歸到人性的自尊與自立的本質——

不佔公家的便宜、不增加子女的負擔，不倚靠不相識的第三者幫忙。更進一步來說：自己的財富與愛心，不應當只屬於子女，更應當慷慨與社會分享。「捨」比「得」、「施」比「受」更延年益壽。

新政府要有「溫暖的心」照顧大約二成的弱勢團體，但必須要以「冷靜的腦」推動施政，為八成人民構建一個工作、創業、投資、開放競爭、自我奮鬥的大環境；這些施政才能逐漸走向全民的經濟獨立。

二〇一六年二月

第二部——

糾結於兩岸關係與台灣民主

兩岸關係的經濟面相對容易處理，政治面則是核心難題。台灣在二〇〇〇年後進入民主政體，所出現的各種問題，尋求解決之道的核心，皆在兩岸關係的好與壞。台灣無法繞過兩岸關係，處理得順與不順，直接影響到台灣的興與衰。

兩岸關係每經歷一次兩岸兩邊領導人的更迭替換，都會出現新人新局的新想像。從台灣的角度來看，二〇〇〇年陳水扁總統上台，兩岸曾有新局的期盼氣氛，可惜一直到二〇〇八年馬英九總統，才真正為兩岸開啟自國共內戰之後難得的和平，進而實質交流。

高教授在二〇一六年蔡英文總統就任，從全球經濟到國際局勢，為兩岸關係的開展新局羅列諸多建言，突破「維持現狀」，走向China Plus，尤其是一帶一路的契機，要能看到及抓住這個機會，不能閃躲、模糊。他的諤諤之言皆收錄本篇。

生活在歷史中的我們，見證歷史的同時，更必須創造歷史。高教授生在南京，長在台灣，任教於美國，學的是經世濟民，從他眼中，他總在樂觀地鼓吹兩岸關係的和平交流與互利互惠。

—編按—

07

新總統如何克服兩岸難題？
——選「China Plus」或「China Minus」

雄才大略的領導人，是在國家最艱困時刻，
創造條件，「改善」而非「維持」現狀，開創新局。
新總統蔡英文的專業、國際觀、西方知識、自我節制，
是民進黨中罕見的領袖，從她對副總統人選的挑選，即是一例。

面對「對立的台灣」

蔡英文女士於二〇一六年五月二十日宣誓接任新總統，啟動民進黨全面執政的新時代。中華民國又在政權和平轉移的歷史上，增添新頁。

在今天的台灣，不論那個政黨執政，都面臨難以克服的困難。因此，每個選民必須要真誠地希望執政黨成功，而不是失敗。當前台灣脆弱的經濟、各種潛伏的問題、以及兩岸互信的考驗，再也經不起持續空轉。

二十多年來，台灣在國民黨與民進黨互鬥及內鬥之中，已長期陷入「家不和萬事衰」的困境。

借用狄更斯的譬喻：台灣有二個：善良的台灣對私利的台灣、智慧的台灣對愚蠢的台灣；台灣有二面：光明的台灣對內耗的台灣、前途擁有一切對前途一無所有。

因此，每一個重大政策都會僵持，每一個芝麻小事都有爭議。試列舉當前八項理念上「重」與「輕」的相持不下：

（1）重保護、輕開放。（2）重補貼、輕納稅。（3）重價格、輕價值。(4)重數量、輕品質。(5)重表面、輕實質。(6)重利潤、輕責任。(7)重指責、輕反省。(8)重私利、輕義務。

如果這種「輕」「重」的爭議反應在兩岸、核能、環保、賦稅、社會福利等等政策的訂定上，那就更惡化了台灣「壞」的一半：內耗、平庸、自私、短視；同時更磨損了台灣「好」的一半：善良、無私、付出、分享。

從「謙卑」開始，是正確的心態；強調「團結」，是誠懇的呼籲。二者都必須落實，才有助於減少「對立」與「鬥爭」。

領袖難為：從雷根到梅克爾

美國總統一向被形容為：擁有帝王的威望、教宗的榮耀、元首的權力、自由世界的領袖地位。但是近四十年來，美國總統不可一世的尊榮，在出兵阿富汗、伊拉克等的戰爭中已快速折損。白宮曾多次自嘲是「位高、名重、權大、但影響力小」。

雷根是戰後極受美國人民喜愛的總統(任期一九八一至一九八九)。他個性溫和，但原則堅定，被譽為是「偉大的溝通者」。在卸職前的一次演講中，他感慨地指出：「國會、利益團體與新聞媒體」這個鐵三角削弱了白宮的權力，阻礙了重要的施政。他以巨額的財政赤字為例，說明他要減少政府支出，因鐵三角的反對而失敗。

再引述最新德國首相梅克爾的例子。二〇一五年《時代雜誌》風雲人物的梅克爾，因強烈展現人道精神應當戰勝民粹恐懼，力主准許大量敘利亞難民移居德國，稱讚她「在一個自私和懷疑的世界中表現出果敢和道德領導力」。可是後來遭到德國各地居民抗議，她已不得不修改移民政策嚴加限制，民調曾跌到近三年新低。民意如流水，政治人物點滴在心頭。

「China Plus」vs.「China Minus」

相較於過去重要的黨政領袖，蔡英文的從政背景相對地單純。她與黨內派系、權力鬥爭、金權掛鉤、地方勢力、人情包袱等等較少糾纏。她的專業、國際觀、西方知識、自我節制，是民進黨中罕見的一位理性的領袖；從她對副總統人選的挑選，即是一例。

如果蔡總統可以宣佈：在兩岸關係上，新政府不是模糊的「維持現狀」，而是選擇「China Plus」，不是「China Minus」，這就立刻穩定了海內外最關心的兩岸關係。

一旦兩岸關係穩定，什麼都變得可能。總統就有廣闊的新舞台，展開推動及簽訂一連串的開放政策。真如資深報人張作錦一再指出：只有愛台灣的台灣人做領袖，才有自信，也才會使台灣人民相信，他（她）可以與大陸談和平，談開放。

「Mission Impossible」？這就全在總統一個字的選擇：「Plus」還是「Minus」？

二〇一六年三月

08

兩岸一家親，台北與上海更親

國際化潮流中，時間不站在台灣與大陸這一邊。
雙方要加快，而不是放慢交流；
分秒必爭的時代，最可惜的就是錯失時機。

二〇一〇年台北、上海舉辦了第一屆雙城論壇，其間兩岸關係雖有起伏，但從未間斷。在現實世界中，任何得來不易的，都特別值得珍惜。

在第一屆論壇中，面對郝市長及韓正市長，我在開場中曾經說過：台北與上海只有九十分鐘航程，比乘高鐵去高雄還快。二十世紀以來上海與台北在發展中共有五個特色：（1）精英的匯聚、（2）工商業的興起、（3）外國思潮的引進、（4）文化上求新求變的激盪、（5）民間財富的成長及擴散。

雙城皆是故鄉

我生在南京，長在江南，十年的童年是在上海，上海話是我的家鄉話。一九四九年四月隨家人從上海坐了輪船來到台灣，十三歲。在這裡讀完初中、高中與大學。

這就是說，童年是在中日抗戰的戰亂中，青少年是在台灣國共對抗的陰影中。

一九五九年大學畢業，幸運地有獎學金去美國讀經濟，那時二十三歲，在台北生活了十年。一到美國看到了一個難以想像的新世界：和平、富裕、開放、安定，處處是機會，人人都友善。

從半世紀前到美國那一刻起，一個年輕人就立刻產生了一個強烈的信念：國家要和平，社會要富裕。這就是為什麼我此後的一生一直是個觀念的傳播者：傳播「和平發展」、「經濟成長」、「教育普及」、「文明提升」等等的重要。有時我也會說：每個現代人要擁有科技腦、人文心、中華情、世界觀。

當台北和上海相遇

儘管我們那一代在大陸與台灣受盡了戰亂的折磨，卻又接著經歷了人類歷史上罕見的改革與進步。

現在台灣的每人所得約二萬二千美元，經過國際價格水準調整約為四萬六千美元。這個調整後的人均所得還高過了日本、法國、英國、韓國、以色列等。

今天的大陸已經是全球數一數二經濟體，上海更是大陸三十年來發展極為進步與快速的城市。如果上海市變成一個經濟體，在近年來的世界GDP排名中，美國第一，大陸第二，台灣二十六名，上海三十一名，高過了新加坡與香港。

我怎麼也不會想到青少年各住過十年的台北市與上海市，已經變成相互交流的姐妹城市。這就是雙城的官方與民間在大變動中，所展現的遠見以及合作雙贏的嚮往。

有合作，才有發展；有競爭，才有進步。

台北市小而美，擁有舒適、安全、現代化的生活及工作環境，活躍多元的市場經濟，以及精緻文化底蘊；上海大而新，釋放出擋不住的商機、驚艷及生命力。

當台北和上海相遇，特別是兩個城市的年輕人與企業家，都可以用想像力與企圖心，產生各種共同開發的商機。

國際化潮流中，時間不站在台灣與大陸這一邊。雙方要加快，而不是放慢交流；分秒必爭的時代，最可惜的就是錯失時機。

兩岸和平發展

柯文哲市長接受媒體訪問時強調：「只要有利兩岸人民，我都會積極去做；只要有利兩岸的和平發展，我都不會拒絕。」

此刻就以柯市長提出的「和平發展」做一個展望。我亦曾於《遠見》雜誌三十週年專欄中提出「和平紅利是兩岸最佳選擇」。

總結自己半世紀以來的觀察，台灣此刻最迫切的四項挑戰是：（1）加快開放與兩岸交流、（2）加速經濟成長、（3）加強教育革新、（4）結合新科技的力量。但這四項的前提是「兩岸和平」。沒有和平，一切落空。

只要決策者有智慧與信心，再多的大小困難都可以克服。

二〇一六年八月

09

以陳總統第一年執政困境為戒

意識型態信徒與兩岸和平天使，
二者距離不是台灣海峽，
而是一念之間。

沒有蜜月的新政府

二〇〇〇年五月，陳水扁就任總統，展開台灣民主史上第一次政權由國民黨和平地轉移給民進黨，也因此使台灣的民主政治獲得了國際讚譽。不幸的是：對陳總統充滿期待的人民——當然包括筆者在內——很快地發現：他的政策——尤其在兩岸及經貿——出現了嚴重的落差。根據當時《遠見》雜誌對新政府執政半年後施政滿意度調查：

（一）五成七對陳總統總體施政「不滿意」。

（二）五成五對台灣投資展望「不樂觀」。

（三）五成三對台灣前途「不樂觀」。

（四）五成六會「增加」國外投資，二成六「減少」國內投資。

（五）七成在對外投資時選擇「大陸」。

這是張不及格的成績單。

巧合的是，蔡總統執政半年後，《天下》雜誌在二〇一七年一月公佈的民調指出：五六．一％不滿意蔡總統的表現；五一．六％不滿意行政院長林全的表現；六八．一％不滿意立法院表現。

二位總統執政六個月後令人失望的民調，竟是這樣地相似。

面臨「四重夾殺」

一九六〇年代，台灣大量人才外流時，出現「推拉夾殺」——國內不利因素把人才「推」出去，國外有利因素把人才「拉」過去。

一九八〇年代，在經濟轉型中，出現了「前後夾殺」論——前有勁敵如日本，後有追兵如南韓。

二十一世紀陳總統執政的第一年，台灣社會則面臨前所未有的「四重夾殺」。（見頁七十七附表）

突圍之道

執政不到一年的阿扁總統陷入困境，當時我在《遠見》雜誌（二〇〇一年三月號）誠懇地提出了「突圍之道」。（見頁七十八附表）

第一年的四重夾殺

（1）左右夾殺
・「左」指政治之「亂」
・「右」指經濟之「衰」

（2）聯合夾殺
・經濟指標衰退
・非經濟因素同時惡化

（3）內外夾殺
・「內」：民進黨內派系鬥爭，國民黨勢力杯葛
・「外」：與大陸陷入對抗

（4）自我夾殺
指執政者的四種態度：
・做秀心態
・討好心態
・對抗心態
・意識型態

第一年的突圍之道

（1）經濟層面
- 加速推動公共建設，擴大內需
- 金融改革加速推動
- 全力資助提升競爭力的各種措施
- 展開新一波的外人來台投資
- 積極發展策略產業（如電信）
- 政府投入知識相關產業（如教育與研發）
- 打擊利益輸送、黑金政治

（2）非經濟層面
- 減少泛政治化的持續擴大
- 不能「各吹一把調」，缺少政策主軸
- 不再空開施政支票（如十年 Taiwan Double）
- 果斷地削減軍費，移向科技教育部門

（3）兩岸關係
- 修正戒急用忍
- 積極鬆綁，有效開放
- 開放大陸三通
- 推動全面交流（包括中資來台）

蔡政府面對難以掌握的內外變局

當時的阿扁政府，此刻的新政府，面對變動中的兩岸關係，只要無法開創兩岸新局，就會陷入經貿的遲滯，難以自拔。其他的「替代」方案、「輔助」措施，只是事倍而功半，遠水救不了近火。

進入二十一世紀，台灣經濟成長的衰退，早已變成領導人幾乎無法處理的難題。不論今天是哪一個黨執政，影響經濟動能的四個因素，一如車之四輪，完全欲振乏力：民間消費不振、投資萎縮、政府支出疲弱、競爭力下降。

埋下這個長期衰退種子的重要原因是：台灣就如歐美民主社會一樣，已無法有效治理一個中產階級萎縮、貧富差距擴大、工作機會減少、意識型態分歧、利益團體偏執、民粹與網軍竄起的社會。不僅財政與貨幣政策處處受阻，「政治正確」的考量更是凌駕一切。

「政府強烈干預」、「意識型態主導」、「政府首長頻頻更換」，正是不少國家（包括日本、英國）經濟衰退的因與果。台灣的民意，也總寄望於政府強勢主導經濟。這種過度期望政府，以及事實上政府缺少能力來處理，就如美國人民在當前川普執政下，都會付出昂貴的代價。

川普上台後，對中國的強硬態度，雖因川習通話稍緩，但二個大國的博奕及持續的賽局，將時時牽動台灣的安危。

召開討論兩岸國是會議

當全球焦點都投射到大陸市場要與它為友時，國家領導人有責任要開拓一個兩岸雙贏的機制；而不能再堅持自己的意識型態，討好少數人的偏執，自外於這個世界經濟趨勢。

蔡總統接任後，兩岸又陷入李陳執政時代的僵局。沒有兩岸熱絡的經貿，就沒有台灣活絡的經濟。有學者已敏銳地指出：對岸正以「窮台灣」來施壓。

此刻最重要的是，蔡政府要用盡一切意志、力量、謙卑、溝通，使台灣大多數人民取得三項共識：

（一）財富分配：有財富的人要多付稅，低所得者的生活需改善。

（二）成長優先：要達成第一項共識，就必須擴大台灣這個愈來愈變小的

「國民所得大餅」（GNP Pie）。餅變大才容易分，餅變小再分，當然愈分愈少。

（三）兩岸關鍵：要達到前二個共識，最迫切政策就是要凝聚各方意見，取得兩岸良性互動與和平共處的雙贏方案，使台灣經濟再現活力。

為孕育台灣政黨之間「和為貴」的氣氛，立法院中的爭議法案宜稍緩。在「家和萬事興」的號召下，匯集全國各界領袖與代表，召開國是會議。一旦台灣內部有共識，兩岸才能取得共識。

四十年東風起、四十年西風衰

二〇一七年的一月在世界舞台上，出現了罕見的大政策轉向：四十年東風起，四十年西風衰。這是歷史性的諷刺與對照。

在瑞士達沃斯經濟論壇上，社會主義的中國領導人習近平熱情地擁抱全球化與自由貿易；自由世界領袖的美國新總統在就職演說中，卻傲慢地宣稱要推行保護主義：「從今天開始，只有『美國第一』」（在川普心中是「我說了算」）：美國既是大老，也是老大）

如果習近平與川普二位世界級領袖居然能驚天動地採取這種與之前完全不同的立場，那麼為什麼堅持不說「九二共識」的蔡英文，不可以向對岸及世界提出她的新政策立場？陳前總統的兩岸關係教訓是：關鍵性政策走錯了方向，就喪失了推展全局的動力。

在這個千變萬化的世局中，沒有不可能的事。美國歷屆總統常有一個轉變是，當推動國內改革遭遇各種阻力時，就在國際外交上求突破。擁有豐富國際談判經驗的蔡總統，當然深諳此理。

面對去年十一月大陸學者善意地拋出兩岸建立「創造性的替代性共識」，我們多麼期盼華人歷史上第一位女總統，在兩岸雙贏關係上，能勇敢地突破與智慧地佈局，來贏得國內外讚譽，使她變成東方的柴契爾與梅克爾。

二〇一七年三月

10

「台灣經濟」繞不繞得過「大陸市場」？

昨日決策之錯誤，
造成了今日台灣經濟之困局。

延伸到經濟議題

讀完黃年著作《蔡英文繞不繞得過中華民國》，極有啟發。我試著討論從政治議題延伸到一個經濟議題：「台灣經濟」繞不繞得過「大陸市場」？

二〇一二年到金門大學演講，在校園中看到「戰爭無情，和平無價」八個大字；與同學演講時，我再加上八個字「交流無悔」、「合作無敵」。

中國何其不幸，中國人何其悲慘，一個半世紀以來，兩岸只有最近幾十年，才沒有戰爭的殺戮。二〇〇八年馬英九接任總統以來的八年，兩岸關係在「九二共識，一中各表」的默契下，台海烽火進入前所未有風平浪靜，深受戰爭之痛的那一代，會記得馬總統這一歷史性的貢獻。

但是從經濟發展的策略來看，兩岸融合的廣度與速度，厚度與力度，在台獨意識反對下，仍是遠遠不足的；這就造成了政府領導人沒有膽識，搭上一九八〇年代以後大陸這班快速的成長列車；這也就無法使台灣經濟脫胎換骨。昨日決策之延誤，造成了今日台灣經濟之困局。

討論蔡英文繞不繞得過中華民國是嚴肅的關鍵問題；一旦處理不當，就會產生台灣的不安和兩岸關係的惡化。解決兩岸政治僵局的重要目的，是要理順兩岸經貿、教育、文化、科技、環保等領域的共同發展與整合，其中值得討論的一個主題是：「台灣經濟」繞不繞得過「大陸市場」？

不要恐懼大陸興起

近十年來受邀來台訪問過的諾貝爾獎經濟得主及美國著名學者，論及兩岸關係時——特別是經貿投資這一領域——看法都是一致的：「台灣要設法與身邊這個龐大的經濟體，發展良好的互動關係。」這些人物包括了大家熟悉的幾位哈佛大學教授：波特、桑姆斯、傅高義、奈伊，以及歷史學者柯偉林（W.C. Kirby）。這位能說流利中文的學者，熱情地勉勵我們年輕人：「不要恐懼大陸的興起，你們應當要有完全的自信，與他們接觸、認識、交流。」與大陸社會相比，柯偉林教授對台灣充滿了稱讚及期許。

就台灣長期經濟發展而言，對大陸市場是「三不」：（一）不能輕視，（二）不可放棄，（三）不易取代。試引證二組數字：在二〇一〇到二〇一四年，台灣對中國大陸出超每年都超過七百億美元，五年出超總額高達三千八百億美元。大陸來台觀光旅客在二〇一四年已達三百九十八點七萬人，佔來台總旅客四十%，排名第一。

大陸水漲，台灣船高

誰都知道「市場分散」、「不要把雞蛋放在一個籃子裡」的道理，可惜「說容易，做不易」。看看韓國與大陸簽的貿易協定，就使台灣產業坐立不安。大陸推出「一帶一路」及「亞投行」，所展現的企圖心及戰略佈局，台灣只有一項選擇，就是要盡力儘快加入。

政治家要以果斷的決策，選擇走對的路，為下一代開闢大舞台；政客不能再在恐懼與猶豫中，錯失良機，陷後代子孫於困頓之中。

二〇一五年八月

11

台灣如何在退步中自救？

「進一步」理性獻策；
「退一步」相互折衷；
「讓一步」取得共識；
「跨一步」全力推動。

台灣在一九六〇到一九八〇年代為人稱道的「經濟奇蹟」陷入了「中年」危機；一九八〇年代末受人羨慕的「寧靜革命」也陷入「民粹」危機。國際上近年的說法是：做為一個中型經濟體的台灣，正墜入了「中等所得陷阱」（Middle Income Trap），所面對的正是世界經濟大勢中的「新平庸」時代（New Mediocre）。這個由ＩＭＦ女總裁拉嘉德（Christine Lagarde）提出的名詞，是警告全球經濟動力不足，總體指標持續疲弱，各國要設法採取措施，改善此一低落現象。

頁八十九的表1的資料使我們先服一帖鎮靜劑。根據《經濟學人》二〇一七年預測，台灣經濟的每人所得約二萬三千美元（經過國際價格調整）居然接近五萬美元，在亞洲僅次於新加坡，但高過日本約一萬美元。

可是台灣的低物價水準，也使全社會付出了長期的成本代價，及不易立刻察覺到的後遺症；如在民意壓力下，國營事業壓低電價、油價、學費等，形成資源誤用及國庫負擔；低價格也使小型企業難以獲得合理利潤，提升工資，改善品質；也助長低劣的黑心產品出現，危害消費者健康。當觀光客普遍稱讚台灣物價好便宜時，實在使人哭笑不得。民粹的立場就是物價不能

表1：2017每人所得（國際平價指數調整）估計值排名

		物價調整後的每人所得（US$）	當年幣值的每人所得（US$）	經濟成長率（%）	通貨膨脹率（%）	人口
1	新加坡	88,810	52,322	2.7	0.8	580萬
2	中華民國（台灣）	49,630	22,235	1.7	1.6	2,350萬
3	南韓	37,800	27,830	2.6	1.5	5,007萬
4	馬來西亞	29,566	10,136	4.5	2.3	3,120萬
5	泰國	18,050	6,070	3.0	0.7	6,770萬
6	中國（大陸）	17,050	8,438	6	2.1	13.7億
7	印尼	12,530	4,255	5.3	4.1	2.6億
8	菲律賓	8,350	3,164	6.3	2.9	1.03億
9	印度	7,110	1,772	7.5	5.1	13.4億
10	越南	6,780	2,245	6.6	3.4	9,540萬

資料來源：The World in 2017. The Economist, pp98-99
註：價格調整後，香港US$59,860，日本US$39,280

漲，後果則不聞不問。面對剛剛實施的「一例一休」，政府喊話：產業不要趁機漲價。

台灣的困境之因

台灣陷入「中等所得陷阱」，更在指出產業結構調整緩慢，科技創新及生產力提升等等嚴重落後。

台灣經濟轉型的困境來自：（一）企業家缺乏巨額投資、大量研發、長期發展的格局與策略。（二）政府的產業發展策略，宣示多於效率，又受制於經費及說服力之不足，在立法院遭遇各種杯葛。（三）全球化之下各國競爭的激烈，大陸經濟之快速竄起，兩岸關係之不確定，在在壓縮了台灣產業擴展及轉型。

台灣經濟陷入困境的另二個主犯，就是政黨惡鬥與媒體惡報。二十餘年來的台灣民主史幾乎就是一部在民粹與少數媒體驅動下，內耗與內鬥的紀錄，造成了「產、官、學、民」陷入悲觀、冷漠、錯愕、硬拗，其結果是造成了政策牛步，政治奧步，台灣退步。

今天台灣社會面對國際強權興起，視台灣為地緣政治一個棋子時，看來只有靠朝野做到我提倡的「四步」來克服多重難關。

- 「進一步」理性獻策；
- 「退一步」相互折衷；
- 「讓一步」取得共識；
- 「跨一步」全力推動。

否則這隻在溫水中的台灣青蛙，就更軟弱無力了。

二〇一七年一月

12

投資軟實力，遠比買軍火更迫切

——從旁觀「MAD」到追求「MAP」

台灣要多宣揚民主，少強調主權；
民主展示軟實力，主權要靠硬實力。
台灣可用軟實力，增加兩岸交流吸引力。
當互信增加時，也就增加兩岸的和平。

以柔克剛的「軟實力」

半世紀以來國際強權間出現一個名詞「瘋狂」或「相互毀滅」（MAD—Mutually Assured Destruction）。擁有核子武器的美蘇，不論誰先出手，結果都是同歸於盡。台灣何其幸運，是個旁觀者。

另一個重要名詞是「和平紅利」（Peace dividend）。在雷根與戈巴契夫雙方武器競賽時，有識之士呼籲：如果冷戰減緩，就會產生「和平紅利」，用在武器上的龐大費用，就可用在和平用途上。台灣的經驗是：二〇〇八年馬總統執政後，立刻推動兩岸直航，馬上出現「和平紅利」，更因為兩岸關係的交流與拓展；民眾不需要在戰爭恐懼中生活及工作。

第三個名詞是「軟實力」（Soft power）。當哈佛教授奈伊在一九九〇年代提出硬實力與軟實力的概念時，前者是指以軍事強勢來壓制對方；後者是指以其制度、文化、政策的優越性與道德性，展現其吸引力。硬實力可能贏得戰爭；軟實力才能獲得和平，「軟實力」不是軟弱，與中華文化中「以柔克剛」相互呼應。

具體地說，「軟實力」包括了擁有較優秀的國民素質、進步的教育、公平的法治、現代化的制度、透明的政府行為、高度的執行力等。

《經濟學人》（二〇一七年三月二十五日），以罕見的三整頁圖表並列的方式，報導中國大陸近年來花幾十億經費「用軟實力贏得好感」（Soft Power Buying Love），再以「一帶一路」的經貿擴展，推廣習近平提倡的「中國夢」。

台灣要追求「和平地圖」

美國新總統川普是一個精明善變的商人，在川習會前就放話，要出售高性能武器給台灣，此刻的蔡政府想必是憂喜參半。

以台灣有限的財力（從十億到幾十億美金），去多買一些武器，來對抗中國大陸，這微不足道的硬實力，實在無濟於事，連「自我感覺良好」大概都不易產生。如把這些幾百億，投資於軟實力（如教育），則是一個天大的紅利。

這使我想起莫斯科與舊金山二個難忘的場景。

一九八〇年四月首次去蘇俄及東歐訪問。一位莫斯科大學的教授憤怒地告訴我：「蘇聯的核彈能消滅敵人幾十次，但政府就不讓我們的人民好好地活一次！」

看到莫斯科商店裡少得可憐的商品，排隊的長龍擠到外面冰雪融化的骯髒馬路上，「麵包與槍砲」的排擠效果是多麼可怕地出現在眼前！

十五年後，一九九五年十月，在舊金山「戈巴契夫論壇」上，前蘇俄總統以大會主席身分發表演講：「政治領袖的最大責任是追求和平，不是贏得戰爭。」全場掌聲雷動。

應邀赴會的前行政院長郝柏村與戈巴契夫有兩次私下聚晤。筆記中我寫著：兩位都談及「不僅要減少國與國之間的軍事衝突，更要全力促進世界和平。」並思考要在亞洲設立一個世界性的「和平大學」，培養下一代的領袖，減少下一代子孫面對戰爭的威脅。

二〇一〇年十一月奈伊教授來台。在與馬總統會晤及公開演講中都指出：台灣要多宣揚民主，少強調主權；民主展示軟實力，主權要靠硬實力。台灣可以用各種軟實力，增加兩岸交流的吸引力。當台北與北京互信增加時，也就增加了兩岸的和平。

冷戰時代的「核武瘋狂」（MAD），已逐漸淡忘；當前台灣要自信地與中國大陸構建「和平地圖」（MAP—Mutually Assured Peace）。

我們期盼：政府重大財政支出的優先次序，要有勇氣及時調整，用來增加台灣的軟實力。

我們已看到：民間領袖嚴長壽先生告訴大家：「在世界地圖上找到自己」；我們也希望看到，人民選出的蔡英文總統，冷靜地規劃：「在兩岸地圖上找到和平」。

二〇一七年四月

13

小國如何「不弱」？強國如何「不霸」？

小國「不弱」，就是要靠軟實力；人口都不超過一千萬的北歐三國，就是靠各種軟實力立足於世。

美國前國防部長佩里的直言

美國柯林頓總統任內的國防部長佩里（William J. Perry）二〇一七年三月底訪台。一九九六年台海危機時，就是他在任內派遣二組航空母艦穿越台灣海峽，展示美方對台灣安全的重視。

三月二十三日他與我們領導階層會談後表示：兩岸的對抗情勢比他沒見面前要樂觀些。佩里要我直言告訴台灣社會：美國與中國關係良好，台灣本身才會穩定。從美國政經人士中類似的話，大家聽過多次，但總還有一些人天真地希望，如果中美關係緊張，台灣就能漁翁得利。

這位年近九十、數學家出身的史丹佛大學教授，新著《我在核戰爭邊緣的旅程》（*My Journey at the Nuclear Brink*），充滿了冷靜中的睿智。晚年最大的心願，就是苦口婆心地四處演說，勸告全球領袖及民眾，核武擴散及核戰的可怕，人類要盡一切努力去避免。重要的方法之一就是以「軟實力」來替代「硬實力」。

「軟實力」不是軟弱，與中國文化「以柔克剛」的智慧相互呼應。

小國「不弱」，就是要靠軟實力；人口都不超過一千萬的北歐三國，就是靠各種軟實力立足於世。諾貝爾獎的發源地在瑞典，每年頒發和平獎，不是勝利獎。「貧民」在那裡不是窮得「買不起書」，而是「不看書」。

當史達林嘲笑：「羅馬教皇有幾個步兵師？」」教徒回答：「梵蒂岡統治世界，從不倚靠軍隊。」這凸顯了獨裁者的盲點，這也是軟實力表現的極致。

芬蘭是只有五百五十萬人口的小國，與強大俄國為鄰，從來不可能靠武器（硬實力）來對抗它們的強大及野心。

另一個彈丸之地的新加坡，領導人堅持開放，面對競爭，化敵為友，全心發展經貿、金融、法治為主的軟實力，變成全球個人所得與競爭力最高之一。

小國如台灣，領導者如不能與周邊大國或強國和平相處，那麼國內任何的發展就受到限制，就如建立在沙灘上，難以穩固。

強就霸，霸就衰

二次大戰後的超強美國仍然要以參與韓戰、越戰、阿富汗、伊拉克等大小戰爭中稱霸；戰爭的威力可以推翻一個它不喜歡的獨裁者，但無法建立另一個贏得人心的新政權；戰爭所引起超過百萬的難民潮、或偷渡喪生於海上、或徒步逃亡死於飢餓與疾病、或留下地雷與土地的傷害，真是人類近半世紀以來另一個大悲劇。

美國自認是替天行道的世界警察，但在國內外反戰聲中精疲力竭，或求和或撤退，這幾場戰爭損傷了美國的道德、地位、財力及民心。東方智慧的「驕必敗」，找到了西方的實例，何等逼真，何等淒涼。

二〇一七年四月六日至七日二位中美領導人，在美國佛州海湖莊園的會晤中，習近平指出：「中國堅定不移地走向和平發展道路，不奉行你輸我贏的理念，不走強國必霸的老路。」我要在這裡特別提出，當習近平面告川普：「強國不霸」時，這是東方政治領袖一個輝煌的承諾！這句話與其說是來自一個忠實的共產黨員，不如說更反映來自中華文化「和為貴」薰陶下的泱泱大國之風。

自六十年前去美國讀書，就一直關注美國外交政策、政府的角色及人民的福祉。我今天仍稱讚美國的偉大、富庶、開放、自由、機會、創新，但是不斷地看到美國政府的領導階層——包括總統、國防部長、國務卿等的傲慢，以及「一切要聽我的」的自大，遲早必然產生「驕必敗」的衰落。就在這個時刻，出現了美國前所未有的「商人總統」，缺少國家決策的經歷，也缺少自我反省的能力，講話前後錯亂，政策前後矛盾，這是當前美國及世界共同面臨的危機。

小國的生存與發展

二〇〇八年六月，美國在台協會楊甦棣處長主辦了一場「台灣競爭力」論壇。我在講話中指出：台灣不要再努力花幾百億台幣向美國買武器；而應當用同樣的錢，改做幾件事：例如（一）改派幾百位優秀的公務員去美深造；（二）改買昂貴先進的研究儀器及設備；（三）引進高科技的專利，邀請一流的美國科學家以及各類專才來台擔任顧問及諮詢。幾年後今天所購買的武器又再落伍了，但對人才及研究的投資則剛剛開始在回收中。

二〇一〇年十一月「遠見」與「天下文化」邀請「軟實力之父」奈伊教授來台，演講中指出：台灣要多強調民主，少談主權；民主展示軟實力，主權靠硬實力。台灣打軟實力的牌，才能打開國際窄門，以及開拓台灣未來。

此刻行政院剛提出八年八八〇〇億的基礎建設（其中軌道佔四八％），倉促的提出立刻引發龐大經費優先次序的爭議。「今天不做明天後悔」的事，比基礎建設更基礎的是「人力投資」。

台灣的人力素質問題嚴重，政策也相互矛盾——薪資太低、人力不足、品質不夠、外語不好、訓練脫節、大學過多、學費太低、成就動機弱、教育不鬆綁、陸生不易來、退休太早、靠政府太多。如果每年撥幾百億，分散到各縣市，撥款的考慮之一是各地二十五歲以下的人口數。全面提升它們從幼稚園到大學的教育品質，才是正確的選項。

台灣軟實力的提升，才能保證台灣國力的提升，進而才可維護兩岸和平；擴增硬實力，購買武器，則適得其反。

培養兩岸互信不需花錢，只要需智慧。兩岸對抗中，台灣花再多的錢在軍費上，所得到的是更多的不安全感。

小國的唯一生存發展之道：是以「和為貴」為前提，用在兩岸，也用在兩黨；錢則用在刀口上。

小國「不弱」、強國「不霸」，就取決於軟實力的運用。

二〇一七年五月

14

為什麼三位總統都做不好經濟？

——都做了自己從政風格的囚犯

台灣的問題在經濟，而經濟的問題在政治。

真正的關鍵就出在三位總統的政治信念及從政風格上。

十八世紀中葉的英國，當亞當史密斯討論市場、貿易、關稅、財產權時就指出，經濟與政治是分不開的。創設於一八九五年的「倫敦政經學院」，即是開風氣之先。

經濟與政治之緊密關係，對我們提供了重要線索：台灣經濟之悶與衰，即來自政治之鬥與亂。

蔣經國主政十九年威權時代的平均成長率為九％。一九八八年一月他去世後，如果以歷任總統就任時的「日曆年份」計算，李登輝執政頭八年（一九八八到一九九五）的成長率為七．四％；第二任全民直選後為五．一％；接著陳水扁第一任三．三％；第二任回升到五．六％；馬英九的第一任又變成三．四％。後經國先生時代的二十五年（一九八八～二〇一三）平均成長率為五．四％。

我們不禁要說：民主政治轉型的代價，就是經濟成長的滑落，接近三點六個百分點；但更要說：經濟之「失」換來民主之「得」，是有它的迷人之處。民主政治創造了一個自由、創業、進取的大環境，這正是「小確幸」出現的前提；這也就是為什麼來台訪客，都羨慕我們自由開放的政治氛圍與自在從容的生活方式。

三位總統沒搞好經濟，根本的原因不在缺少好的財經首長及建議；而是這些政策及方案，在政治干預、妥協、否決下，府院幾乎束手無策，推動乏力，造成了政策停擺與經濟空轉。

陳長文律師說得透徹：「台灣的問題在經濟，而經濟的問題在政治。」真正的關鍵就出在三位總統的政治信念及從政風格上。

李登輝高估了政治操縱上翻雲覆雨的左右逢源，又受日本影響深；陳水扁低估了政治算計及貪腐帶來的風險，又少人文與國際知識；馬英九錯估了清廉與不沾鍋是政治人物最高的標準，雖有豐富的知識，但相信「全民總統」要全天候工作。他們都堅持自己的做法，都變成了自己政治運作的囚犯。一位自認萬能，卻做了不少萬萬不能做的事；一位聰敏過人，卻已入牢房；一位終年辛勞，卻鮮得回報。

馬英九政治上的不沾鍋、難以發揮領導力與執行力。不善用政治領袖所擁有的「恩」與「威」，「紅蘿蔔」與「棍子」，使他用人圈子小，盟友少；但敵人不少，旁觀者更多。清廉與捐獻是高貴的自我實踐，但選民更要求的是推動政策，解決問題。

二十餘年來的台灣民主史，實際上就是一部民主淪為民粹、內耗持續不斷、統獨爭議的突出記錄。這種鋪天蓋地的政治內鬥，再由反對黨、媒體、利益團體擴大與扭曲，造成了「產、官、學、民」全面陷入「恐懼」、「悲觀」、「冷漠」、「不確定」之中——公部門決策不敢大翻轉，大企業不敢大投資、老百姓不敢有安身立命的大規劃。十多年來出現產業結構調整太慢、企業創新研發不夠、出口市場太集中、法令過時等等困境，大部份源自當年「戒急用忍」、「一國兩制」、「鎖國思維」的後遺症，部份來自近年國際經濟衰退及當前政治困境。

經濟「搞不好」是因為政治「搞不定」；政治「搞不定」是因為政治信念及從政風格「搞不對」。

我們希望「三好」同時出現：除了做人好，還是要先理好政治，才能夠搞好經濟。

二〇一四年二月

15

兩岸經濟各奔前程

——「新常態」VS.「新平庸」

「政府本身就是問題製造者，不是問題解決者。」

台灣當前最大的困境居然是來自民主選舉。

選舉帶來民主，人人稱讚；

不幸地是：為了選舉，就鼓動民粹，人人受害。

大陸經濟的兩個新里程碑

二〇一五年全世界，尤其美國、日本與台灣，將面對《經濟學人》所形容的中國經濟兩個新里程碑：（一）它的對外投資將超過外資投入，證實大陸已是實質的經濟強國；（二）以國際平價指數（PPP）折算，將超越美國變成全球第一大經濟體，獲得主導世界經濟龍頭地位。對台灣來說，如果兩岸兄弟情誼日增，關係平順進展，這些飛揚的指標自也會使台灣隨之水漲船高；但是如果兩岸關係起伏不定，看到這些數字，就產生「長他人志氣，滅自己威風」的不安全感。事實上這些「不安全感」逼使台灣政治領袖，無法閃避兩岸關係對台灣經濟策略的選擇。地方政治可以由政治人物爾虞我詐，人民生活的好壞則必須真實面對。

當前的現實是：大陸正以新策略進入「新常態」，台灣在政府失能、國會失控、人民失神中陷入「新平庸」。

大陸「新常態」啟動

近兩年大陸官方媒體以「新常態」報導經濟深改藍圖；它是指大陸經過三十多年來快速經濟成長後必須調整的新策略。習近平在二〇一四年十一月APEC中對「新常態」有明確的闡述：從「高速」增長轉為「中高速」成長；從「生產要素」驅動的成長轉向「創新」驅動；服務業與內需增長成為主力，城鄉與區域差距縮小，改革紅利為大家共享。

「新常態」中宣示：政府要大力「簡政放權」，習近平說：就是「要開放政府這隻看得見的手，用好市場這隻看不見的手」。這種轉變使人想起一九八〇年代雷根常說的一句話：「政府本身就是問題製造者，不是問題解決者。」這位因「保守主義」當選的總統不是在自嘲，而是主張大量削減政府權力，增加市場機制的運用。這個資本主義的基本信念，居然變成了中國共產黨改革的新重點。

「新常態」在操作上要使中國經濟平穩增長（七％左右），增長的動力多元（不能只靠投資或輸出）、結構優化升級，並且勇敢地告訴世人：過去的高速成長（八％以上）以後是「做不到、受不了、沒必要。」

一個經濟大戰略的轉變必須要選擇對的時機以及擁有強有力的領導。二〇一四年十一月哈佛甘迺迪學院針對十位世界政治領袖的「治國能力」做了一次超過兩萬六千多位國際樣本調查。在兩組問答中：（一）以本國民眾評本國政治領袖，排名前三依次為習近平、普亭和莫迪（印度），歐巴馬第七，安倍（日本）第八；（二）在另一組國外民眾評一國政治領袖時，排名前三名為習近平、莫迪和德國女總理梅克爾；歐巴馬第六，安倍第九，普亭最後一名第十。

「新平庸」之病延到二〇二〇

大陸的中央集權及言論自由等限制下，決策與效率並存；同時也與貪腐、人權犧牲、環境惡化……共生。台灣的民主體制一不謹慎，已變成民粹，助長了政黨惡鬥、媒體偏執、利益團體關說，其所產生的亂象與不平使人民、企業、外資失去信心。

IMF女總裁拉嘉德去秋在華府所創「新平庸」（New Mediocre）一詞，正可形容當前歐洲（及台灣）經濟的疲軟、缺少活力、內需不振、投資緩

慢、政府對策既不夠勇敢也難以落實。（參閱《遠見》二〇一五年一月號〈「新平庸」的跑道上停了一架「台灣號」〉）

台灣當前最大的困境居然是來自民主選舉。選舉帶來民主，人人稱讚；不幸地是：為了選舉，就鼓動民粹，人人受害。民粹的現象是一些反對者及其啦啦隊可以靠一張嘴、一枝筆、一個簡訊，抹黑別人的人格尊嚴、阻擋政策、擱置改革。

生活在台灣的人民，有些共同特質：善良、樸實、守分。但是這些「分內事做好」的沉默大眾，是無法對付那一批不擇手段、不分是非，無視法治，缺少良知，充滿貪婪及私慾，所形成的共犯結構。這一群人在政治民主（政府就不敢查）、言論自由（政府就不敢管）、政府負責（政府就不敢辯）三面大旗掩護下，是非迷惑了，民怨累積了，公權力崩潰了。

誰有本領能開出藥方來治「新平庸」之病？看來這個病有可能會一直延誤到二〇二〇年。

二〇一五年二月

16

政客變君子，台灣走出政治霧霾

有人提醒：有什麼樣的人民，就會有什麼樣的政客。
整天想白吃午餐的人民，
當然就產生了那些空開競選支票及
整天混水摸魚的政客。

君子之道

「民主」從來不是天上掉下來的。它必須經過壯烈的流血革命，或經過幾十年的折磨奮鬥；不幸的是萌芽中的民主，又常夭折或變質。

二次大戰後的七十年中，一些國家爭取民主失敗的例子屢見不鮮。最令人痛心的是：「民主」，是那麼艱難地獲得，卻是那麼容易被「民粹」取代，台灣民主之根尚未穩固，民粹——激情言論、偏執立場、衝撞對立——之颶風已使它地動山搖。大家想到補救之道不外是：法律制裁、政黨約束、民主規範、選民唾棄。

「天下文化」曾於二〇一五年三月上旬邀請了大陸文史學者余秋雨來台講述他的新著《君子之道》。在北中南三處做了大規模演講，我不僅見證了余教授的演講魅力，更再度感受到中國文化提升人性的感染力。如果一些政客聽到了他演講或看了他的書，或許就有可能痛改前非。

余教授指出：中國文化的精髓，就是要做個君子。幾千年來中國文化沒有淪喪的最終原因是「君子未死，人格未潰。」儒家對後世的遺囑——做君子；也就是不做小人，不做政客。

二十年前余教授在聯副發表了一篇長文：〈小人——歷史的暗角〉，他是在引證歷史中的小人及文革之中、大陸知識分子遭受小人的迫害；此處可借用「小人」一詞，廣泛描述那一群活躍的台灣政客；儘管二者不盡相同，但害人誤國則一。

當前台灣的困境是：政策牛步、政治奧步、總體退步。這就是政客的負面政績。

逃脫政治霧霾

《君子之道》一書中提出做君子的九項途徑——從君子懷德、君子有禮、到君子知恥。我只廣泛地歸納五點：

（一）與人為善（不出惡言）。

（二）成人之美（樂觀其成）。

（三）不走極端（堅守中道）。

（四）利人、利他、利天下的責任感。

（五）求人和、世和、心和的意志力。

如果政客們有良知而反省，擁有一些君子特質，整個台灣就可能逃脫鋪天蓋地的政治霧霾。更文明的要求是：不是君子，就不要從事政治（以及金融、教育、公益等）活動；可惜的是：即使君子從政，在政客操縱下的台灣，君子還是要擅用胡蘿蔔與棍子。

不滿現狀的墨西哥人愛說：「為什麼我們離美國這麼近，離天堂那麼遠？」台灣人說：「政客變成君子，我們就可以遙望天堂。」

二〇一五年四月

17

從日本「二十年失落」中找教訓

探討「日本經濟還能競爭嗎？」

波特的答覆：「能」，但須有兩個條件：

一、政府必須容許公司企業參與競爭；

二、政府扮演角色的本質必須根本改變。

台灣長期衰退的出現

我們必須要面對台灣正在形成中的危機：不論今天是哪一個黨執政，此刻正走向經濟長期的衰退。影響經濟動能的四個因素，一如車之四輪，完全欲振乏力：民間消費不振、投資萎縮、政府支出疲弱、出口衰退，造成國家競爭力下降。

埋下這個種子的重要原因是：民主這個制度，就如在歐美國家一樣，已無法有效治理一個中產階級萎縮、貧富差距擴大、工作機會減少、意識型態分歧、利益團體偏執、民粹與網軍竄起的社會。不僅財政與貨幣政策處處受阻，政治考量更是凌駕一切，干預了經濟運作及理性決策。

此一現象也造成了行政院長的快速折損。在陳水扁與馬英九二位總統任內，各換了六位，前有唐飛、張俊雄、游錫堃、謝長廷、蘇貞昌、張俊雄（再任）；後有劉兆玄、吳敦義、陳冲、江宜樺、毛治國、張善政，就是一個證明。

「政府強烈干預」及「政治領袖頻頻更換」正是日本經濟衰退的主因。台灣的民意，也總寄望於政府來主導經濟。這種過度期望政府，以及政府缺少智慧與努力來處理，是日本人民所付出的昂貴學費。

「二個」日本的解析

日本安倍首相推出的三支箭備受爭議：貨幣寬鬆政策（低利率與貶值）、財政激勵措施（刺激有效需要）、調整產業結構（增加生產力）。實施以來成效不彰。普遍的看法，一如《經濟學人》的總結：三支箭沒有顯著提升競爭力，只明顯提升了安倍個人的政治聲望。

我們這篇短文不在討論三支箭，而側重日本經濟停滯的二十年（一九九一～二〇一〇）。大體來說，一九八一～一九九〇的平均經濟成長率約為四．六％，一九九〇年代的ＧＤＰ成長率約為一．一％，二〇〇〇年代的成長率也只有一．三七％。這就是泛稱的「失落的二十年」。八月的《經濟學人》引證另一組數字，在一九九五～二〇一五的二十年間，日本的ＧＮＰ幾乎沒有什麼增加，但美國在同一時間增加一三四％。主要的原因是美國是高度開放社會（試看矽谷中各國人才的匯聚），日本則是相對封閉的社會。移民人數在日本佔二%，在歐美各國大多都在十二%及更高。

從一九八〇年代初期登峰造極的「日本第一」，變成了二十一世紀初陷入谷底的「日本還能競爭嗎？」傅高義與波特二位同是受到士林推崇的哈佛教授，時隔二十年，產生了這樣截然不同的結論。他們的二本書《日本第一》、《波特看日本競爭力》分別出版在一九七九年與二〇〇一年。

波特告訴讀者：日本有二個：一個是極具競爭力的輸出產業，另外一個是支離破碎、既少效率、又不合時宜的國內產業。它包括了零售、批發、倉管、金融服務、醫療保健、能源、貨運、電訊、建築、房市、農業。

西方人民所熟知的一九八〇年代日本有無堅不摧、競爭力無往不利的輸出產業：如汽車、音響、錄影機、卡車、電動遊戲、照相機、樂器等。它們帶動了日本的出口，累積了巨額的外匯，贏得世人的讚美，這就是傅高義筆下的「日本第一」。但是，另外一個日本則是國內的那些沒有效率的企業，提供了大量就業機會，以及社會的安定力量，可惜在繁瑣的行政措施下難以整合。二個日本同時並存的結果，就是價格昂貴，日本員工的「高薪」全被昂貴的生活費用抵銷。

二個日本的形成，自有它歷史與文化的因素，但是日本政府是製造這「二個日本」的推手。

近二十年的日本經濟是「衰」，但沒有「垮」，它當然有能力東山再起。關鍵在於它是否會選擇變革或參與競爭。「日本絕非沒有意志力，只是缺乏遠見和找不到方向。」目前日本人想把一切罪狀推給泡沫經濟與金融體系，顯然是以偏概全。

波特認為：日本經濟衰退的三個主因是：（一）泡沫經濟毀滅，造成資產急遽貶值，消費者與投資隨之大減；（二）無所不管的政府部會，扭曲了企業的自主性及投資意向，造成生產成本增加、彈性減少、競爭力受損；（三）未能有效刺激國內需求，重振消費者與投資者的信心。

探討「日本經濟還能競爭嗎？」，波特的答覆：「能」，但是立刻附上了二個條件：（一）政府必須容許公司企業參與競爭；（二）政府扮演角色的本質必須根本改變。

當前台灣的問題

自二〇〇〇年以來，台灣經濟成長的力道快速萎縮，經濟成長率從原先每年八％掉到陳總統時代的四％左右，再掉到馬總統時代的三％左右，最近兩年又再跌到一％的水準。在此同時，台灣的薪資呈現長期停滯，陪伴而來的是穩定的物價，但經濟活動也呈現停滯，包括企業投資減緩，外資流入有限，民間消費也同樣減弱。

儘管台灣現在的經濟衰退的原因有些與當年日本很像（見頁一二二附表），但是有一些地方不盡相同。與日本相似的包括：第一，台灣也面臨房價高漲的問題，導致企業不容易找到廉價的土地，減低了投資意願。同樣的，民眾和年輕人因房價太貴，被迫增加儲蓄，準備頭期款來購房，造成消費不足。第二，台灣同樣有的貧國心態與外匯情結，政府長期壓低新台幣匯率，強調出口，減少進口。另一方面，民眾對於物價又非常在意，在物價長期停滯下，企業獲利不易，進而導致企業投資意願降低。

第三，台灣同樣對於國外市場的開放有很大的疑慮，包括與其他國家洽

日本與台灣經濟衰退的原因

一、台灣當前情勢

1. 地價與房價過高，影響投資
2. 創新不足，包括新產品與新市場的創新
3. 物價長期穩定，經濟動力不足，企業獲利低迷
4. 不願意開放外國技術工人與非技術工人
5. 大量資本外移
6. 外資流入不足
7. 政黨惡鬥，政策方案難以通過，也難以推動
8. 國際經濟快速整合，台灣無法參與
9. 2000年之後，國際貿易萎縮，台灣出口受阻
10. 大陸紅色供應鏈與進口替代，對台灣原物料與半成品需求減少
11. 大陸由投資帶動轉成消費帶動，增加對於最終產品的需求，對於台灣不利
12. 人口老化與少子化

二、日本（1990 ～ 2010）

1. 地價高漲，阻礙投資
2. 拒絕進口品
3. 物價長期穩定，經濟動力不足，企業獲利低迷
4. 不願意開放外國技術與非技術工人
5. 人口老化，包括新產品與新市場創新不足
6. 大量資本外移
7. 外資流入不足
8. 政黨輪替快速，長期政策不易形成

簽自由貿易協議（FTAs），對於開放國外的技術人員來台工作政策更是不可行。由於台灣本身研發能力並沒有像日本那麼強，因此我們需要大量的引進外資和技術，但是如果能同時開放國外技術人員來台工作，相信對於引進國外技術會容易很多。第四，台灣現在同樣面臨少子化及人口老化的問題，而且老化的速度很快。人口不足早就成為國安的問題，即使如此，對於開放外國技術人員來台仍然有疑慮。

上述這些台灣所面臨的問題與日本所遇到的問題可以說是非常相似，但是不幸的是，台灣還遇到另外一些問題，使得台灣現在面臨經濟長期停滯的問題可能會比當年日本所遇到的困難還要嚴重。第一，國際經濟不景氣，尤其是國際貿易長期衰退的問題。一九八〇～二〇〇〇之間，全球平均每年GDP成長三．三％，國際貿易量的平均年成長率為五．五％；二〇〇〇～二〇一五年之間，全球平均GDP成長率增加到三．八％，但是國際貿易量的平均成長率卻減少為三．九％。在國際貿易大量萎縮的情況下，高度依賴國際貿易的國家就受到嚴重的影響，而台灣的對外貿易依存度是全球最高的國家之一，因此我們受到的衝擊也是最大的。第二，全球及東亞在快速的洽簽雙邊及多邊的FTAs，但是因為兩岸問題，使得服貿與貨貿無法完成簽署，造成我們與其他國家也很難洽簽FTAs。在可預見的未來幾年，當其他國家都在享受FTAs的減稅效應時，台灣企業卻因為要支付較多關稅，而面臨更大的挑戰。

第三，中國大陸近年來快速崛起，尤其是紅色供應鏈與進口替代的強勢發展，導致周邊原先對大陸出口零組件和半成品的國家與地區首當其衝，而台灣對大陸出口中高達七成以上是半成品和零組件，台灣因此受到的影響也是不言而喻的。第四，台灣在民主化之後，政黨已經有三次輪替的經驗，但是我們政黨之間的鬥爭情況，似乎與日本也十分相似，尤其是台灣還面臨一個嚴重的兩岸問題，許多前任政府的政策在新任政府中被完全推翻，造成許多長期政策無法延續，從而企業也無所適從，最終導致企業在國內的投資也會因此而被延緩，更不必提要去吸引外人來台投資了。

日本之痛對台灣成長的啟示

與美國政府做過盟友的國家，都有「做敵人容易，做朋友難」的親身經驗。

與日本政府及企業有交往的人，則有「做敵人難，做朋友也難」的深刻體認。

日本在高橋敷的筆下，是個「醜陋的日本人」；在美國學者傅高義的心目中，曾是「日本第一」。在另一位日本評論家大前研一的《超越國界——對日本及世界的深思》著作中，認為日本人有根深蒂固的貧國心態。大前研一痛責：日本的問題在日本人，日本人的問題在日本人的心病，日本人的心病在於無法解開貧國心結。

從波特教授對日本的分析及台灣與日本的相同與不同的經驗，我們可以做成幾個簡單的結論來看，供各界人士參考：第一，開放與競爭才是形成國家長期競爭力的主要來源，其中包括開放國外投資、國外技術與國外人才等。以日本這個曾經有一些技術領先全球的國家來說，都會因為不願意開放而導致最終國際競爭力的喪失，更何況台灣的技術遠不及日本，我們當然應該更要依賴國際市場與技術，因此開放與競爭必然是更需要的。也就是說，從政策面來看，台灣應該更積極的吸引外資、開放技術外勞，並與其他國家洽簽FTA，包括與大陸的服貿、貨貿及加入TPP和RCEP等。

第二，不能有貧國心態與外匯情結，其實台灣在這一點上面與日本很相似，長久以來我們的毛儲蓄率一直維持在GDP的三十五%左右，而近年的投資率卻只有GDP的二十%，超額的蓄儲率正表示消費不足與投資不足，這其實與日本的貧國心態是非常相似的。在政策方面的建議是，政府應該更積極的鼓勵民間消費，增加需求；另一方面，政府也應改善投資環境，讓企業有更高的意願進行投資。

第三，企業在面對競爭時，應該是設法有新的策略，有新的創意（包括新產品和新技術等），而不能一直採用降低成本的方式來因應。同時，民眾和企業如果一直只重視價格，而不重視品質，長期下的競爭力一定會逐漸喪失。因此，政府應該設定一個通膨目標（如同日本安倍政府設定每年二%），並應多與民眾溝通，讓民眾瞭解有時漲價並不一定是不好的。

最後，也是最重要的，面對未來政黨輪替的常態，不論那一個黨執政，對於長期的經濟目標與政策都應該要能持續的執行。尤其是一些重大的經濟政策，一定要有透明性、一致性與可預測性，因為唯有如此才有可能去長期的吸引本國與外國的投資，來達到刺激經濟與提升競爭力的目的。

本文與林祖嘉教授合寫　二〇一六年十月

18

二二八事件七十年，我有一個夢

蔡總統：「轉型正義的目標是和解，而不是鬥爭。」
我希望這宣示，
真能切除了悲情、仇恨及族群操作的擴散。

在政治事件處理上，我從不贊成以牙還牙；也終希望從歷史的不幸事件中，擷取慘痛的教訓。

一個機會半個夢

半世紀以來，面對台灣政治權力的濫用、黑金政治的弊害，以及政治事件中受難家屬的悲憤，我一直在做三個夢：

第一個夢：如果我擁有龐大的權力，我會清廉、無私、思考每一個決定是在增進人民的福祉。

第二個夢：如果我擁有龐大的財富，那是我取之有道，而且我會很慷慨地「取之於大眾，用之於社會」。

第三個夢：如果我是政治事件的受難家屬，我會做痛苦的決定：選擇寬恕，放棄以牙還牙。

可惜，這個夢想，甚至這樣的自信，無法在實際的作為中得到驗證；因為自己從沒有掌握公權力，從不是有錢人，也不是受難者。這就是說我無法以事實證明自己可以在權力、財富、怨恨的誘惑下，不被腐化、軟化、同化。

十年前出現了一個做半個夢的機會。二〇〇七年是南京大屠殺七十週年。我在「大屠殺」的前一年（一九三六），於南京出生。幸運的是在大屠殺的三個月前，雙親帶了孩子們搬到蘇州，逃過一劫。但是雙親常提及受難的親友及鄰居。因此，我至少是「半個」受難人，那麼我如何來看待歷史上不幸的災難？

日軍的南京大屠殺

受過現代教育的人，很少不知道小安妮．法蘭克的日記？「辛德勒名單」的影片？以及納粹加害猶太人的各種罪行？可是，世界上有多少人知道「南京大屠殺」？就連我們的政府，也沒有認真地告訴過人民。

諾貝爾和平獎得主維厄瑟爾（Elie Wiesel），曾是納粹集中營中倖存的小囚犯，就曾提出警告：「遺忘大屠殺，就是二次屠殺。」他被譽為「猶太良知」。

一九三七年十二月南京被佔領以後的六週之中，日本軍人展開了慘絕人寰的大屠殺，遭到集體射殺的約有十九萬多名，分散屠殺的約有十五萬多名。日軍屠殺的殘酷難以形容：除集體掃射，有砍頭、劈腦、刀戮、穿胸、刺腹、斷肢、碎屍、活埋、淹死、凍死、餓死。日軍並至少強暴我國婦女二萬餘人。

戰敗的德國，承認屠殺猶太人的罪惡；戰敗的日本，面對中日戰爭的各種暴行，卻仍然企圖集體否認。在二次訪問以色列中，特別去參觀在台拉維夫的「散居各地猶太人史蹟紀念館」。在二樓的一片牆上，灰暗燈光的反射下，上面寫著：「一九三三年希特勒在德國掌握了實權。在他指揮下，德國人及其同謀者屠殺了六百萬猶太人，其中一百五十萬是小孩。當他們為了生存吶喊時，世界各國冷漠地旁觀著。」

如果把場景搬到南京，更逼真的實況是：當三十多萬中國人的生命遭到屠殺時，世界各國冷漠地一無所知。

一九九七年第一次去南京參觀「侵華日軍南京大屠殺遇難同胞紀念館」時，悲憤與沉痛之後，最後湧現的仍是多年來的理性結論：教訓要記取，仇恨要淡忘。

不再有噩夢

另一個夢是目睹台灣社會在「二二八」七十周年前後產生的不安：怎麼會年年要利用一個撫平傷痛，避免歷史重演的悲劇，不斷操縱族群議題，激起社會新的對立。蔡總統臉書對「二二八」事件指出：「轉型正義的目標是和解，而不是鬥爭。」我希望這樣的宣示，真能切除了悲情、仇恨及族群操作的擴散。

讓七十年前的悲劇，轉變成今天二千三百萬人記取教訓，和諧共處，命運一體的新力量。

脆弱的台灣再經不起內耗，家不和萬事衰，我再也不會有惡夢。

二〇一七年三月

第三部
共鳴之進步觀念

高希均教授的進步觀念：

一、熟能生懶、熟能生鏽。

二、做一個新經濟人、新台灣人。

三、向平民英雄學習：正直、善良、勤奮、誠信、進取與包容。

四、學習賈伯斯的 stay hungry, stay foolish. 再加上 stay alert。

五、鼎泰豐的經營原則：以好奇心不斷精益求精，以謙卑心再上層樓，以果斷心堅守原則。

六、年輕人要接觸陌生，改變自己，join the world（融入世界）。

七、老年人不全是依賴者，有能力更要成為施惠者。

八、做一個「簡單」的現代人，less is more。

九、凡事要有高標準，做正確的選擇，容忍平庸與失信者，會讓自己變成缺少是非的縱容者。

十、與人共享的心，欣賞勝過擁有。

十一、企業家的二十五項自我要求。（見頁一八七，第二十八章）。

十二、文明社會必然是一個愛閱讀的社會，每個人都是終身閱讀者。

十三、本省人外省人不分彼此，共同奮鬥，台灣才有明天。

—編按—

19

「新」台灣人
──改寫台灣生命力的新劇本

二十三年前發表這篇近三千字的短文，
我一直在等待更多「新」台灣人的出現，
甚至盼望擁有這種情懷的人，
應當是我們社會各界的領袖。

人必須要從歷史的灰燼中重生，人必須要從意識型態中破繭而出，人更必須要從悲情自憐的死胡同中跨越。

這正是「新」台灣人誕生的背景。新台灣人的出現，帶給了危機四伏、共識缺乏的台灣社會一個新的契機。

他們命運共同的基石，不再局限於同一種方言、同一個省籍；更在於同一種文字、同一個文化、同一個血統，甚至同一個夢想。

對這些「新」台灣人，事業成就超越了歷史悲情；自我作主超越了委屈求全；族群融合超越了省籍情結。

他們注意的焦點是：對準二十一世紀。過去四百年的歷史，引不起他們的激情及抗爭。

有自信的「新」台灣人，毋需靠歷史事件求取同情，更毋需靠挑撥省籍求得出頭。他們相信社會正義與社會公平，才能帶來持久的社會安定與社會和諧。

他們大都避過了戰爭的傷痛、恐怖與死亡。他們幾乎沒有痛可以說，沒有恨可以洩，沒有狠可以發，沒有仇可以報。

他們大都是一九四九年以後出生的一代——除了台灣人，還有外省第二代（或者他們更認為是本省人的第一代）。這一代人不同於上一代的最大習性是：喜歡往前展望，不喜歡往後回顧。

他們追求經濟成長，但更要社會進步；他們追求生活水準，但更要生活品質。

在他們的血液中，除了務實，更有夢想；除了奮鬥，更懷驕傲。

有「新」經濟人，才有「新」台灣人

沒有經濟人的努力，台灣經濟就不能起飛。當創業的第一代經濟人躍升為「新」經濟人時，台灣經濟才出現了脫胎換骨的曙光。

當老台灣人穿越了歷史隧道，再重見藍天時，這一遲來的鼓舞，正就為後繼者開闢了一個新天地。

沒有經濟人的貢獻，就不可能有老台灣人的出頭，更不能有「新」台灣人的出現。

沒有「新」台灣人的出現，台灣就跳不出政爭的漩渦，就跳不出小格局的束縛。

過去，我曾寫過一篇短文，為適應變世界中的「新」經濟人催生（見《觀念播種》，頁二〇一至二〇六）。在文中，我敘述第一代經濟人的經營模式是：生產偏重勞力密集、產品偏重抄襲與模仿、用人偏重家族、財務偏重利用法律邊緣的漏洞、與員工分享利潤的觀念淡薄、對於汙染防治疏忽。

在勞工意識、環保意識、消費者意識高漲聲中，在自由化、國際化、民主化的步伐加快中，第一代企業家必須要徹底地修正觀念與做法，變成一個與時代同步的「新」經濟人：不再以低價格求訂單、不再倚賴政府求保護、不再法律邊緣經營求利潤、不再漠視公害求生產、不再只用家族求發展。此外，「新」經濟人必須重視研究與發展、發揮企業良知、善盡社會責任，並且樂意與員工分享利潤、與社會共創進步。

「新」台灣人的出現

有了這種格局的新經濟人，台灣才能跨進富裕社會的殿堂。可是，經濟只是國家運作的一環。台灣今天所面臨的最大挑戰，不是經濟的，而是非經濟的。正在這關鍵時刻，近年來本土意識飛揚台灣社會，出現了一個新的族群：「新」台灣人。這群新人類帶給了今天紛爭不斷的台灣社會一個嶄新的展望。

我們歡迎「新」台灣人的出現，正如久旱逢甘霖。一九九四年九月《遠見》雜誌一百期即以「新台灣人」做專題，文中指出：「從孤懸海外的移民領域，變成僻處邊陲的殖民，再躍升為舉世聞名的富裕之島；台灣人豐富的歷史弔詭經驗，在抒發了悲情之後，逐漸昇華為『新台灣人』的思維方向。」現在，對「新」台灣人，我有更懇切的期望。

「新」台灣人的自信

「新」台灣人不僅是務實的經濟人（如王永慶），也是理想的文化人（如林懷民）；不只是胸懷外國科學（如李遠哲），更要立足本土（如施振榮）；不再局限於小我的成就（如郭台銘），更是在共創大愛（如證嚴法師）。

悲情歷史可以變成抗爭的火種，也可以轉化為向前奮鬥的動力。

「新」台灣人的最大特徵是，不再自憐於歷史捉弄所帶來的悲情與委屈。

走出了這層陰影，就更能發揮自己的長處，看清自己的缺陷。

「新」台灣人的共同分母來自於教育普及所帶來的自信。在人生旅途與事業發展上，可以「瀟灑走一回」。他們伸展的舞台再也不限於台灣，他們小我的成敗，完全掌握在自己的心中。他們擁有了免於恐懼的選擇，他們也正在盡情發揮這種自由。

「新」台灣人正在逐漸擺脫「移民與流民」中蘊藏的狠、自私、機會主義、西瓜靠大邊……的性格；代之而起的是要講求一個民族得以綿延的「信」與「義」。

「新」台灣人也正由內向外地將島嶼性格提升為海洋性格——包容、寬大、擴張、開放。

「新」台灣人也正努力走出被吞併的恐懼，「不睬政治、只重經濟」的順民性格，以及「可憐台灣人」的牢獄情結；代之而起的是自我肯定、自我表現、自我作主。

「新」台灣人認同台灣命運共同體的訴求，也認同在當前統獨之爭中「維持現狀」。

「新」台灣人的理念中，已釋出了排他性，吸收了族群融合的包容性。

發展的舞台在未來

「新」台灣人之有別於其他的台灣人，是在於他們所擁有的新觀念、新態度、新做法以及新視野。

他們跳出了悲情的舊框框，昇華了自憐的心理障礙，超越了心中的不平之氣，看清了發展的舞台不在過去，而在未來。

他們是受過良好教育的、理性的、前瞻的、有愛心的。

他們不一定參與政治，但關心本土的公眾事務；不一定有高所得，但富有理想色彩。

他們同樣憂慮官商勾結、土地炒作、社會紀律喪失、政治人物腐化……。

對「新」台灣人而言，來到台灣的先後次序不重要，重要的是要認同這片土地、熱愛這片土地。由熱愛本土，再放射出往前看、往外看的力量，正是「新」台灣人的國際觀——立足本土、放眼世界。

對世界村的嚮往，克服了島嶼心態的狹隘；對「只有一個地球」的認同，激發了強烈的環保意識。他們關懷層面再也不限於台灣，他們的發展空間再也不限於本土。

如何與大陸十三億人民相處，對「新」台灣人是一個不確定的因素。絕大部分的新台灣人可以認同歷史中國、文化中國，甚至也投入了經濟中國的拓展，但無法認同當前共產中國下的政治體制。林洋港先生的話也許最值得深思：「不可獨，但不能急統。」

我個人認為，在當前台灣沒有獨立的本錢、大陸沒有統一的條件下，最實際的辦法是透過文化、學術、新聞、貿易、投資等的交流，營造一個相互信任的環境，增進彼此了解，讓時間來做一個最好的裁判。與一些意見領袖一樣，我贊成兩岸高階層要儘快展開對談，避免任何帶來災難的誤解。

左右命運的新主人

在台灣二千四百萬的人民中，有多少是「新」台灣人？沒有人知道這個答案。「新」台灣人不以年齡、性別分；不以地區、宗教分；不以省籍、黨籍分；不以學歷、職業、所得分。但有一點可以肯定：「新」台灣人愈多，台灣愈有前途。

「新」台灣人還沒進入今天權力核心，但無可避免的，他們會是今後台灣求發展的主流。

奈思比在《全球引詭》（*Global Paradox*）一書中指出：「處於多變的時代，許多事物已到盡頭，許多事物才剛開始。」

老一代台灣人的意識型態已到盡頭，帶給台灣新希望的「新」台灣人剛剛冒出來。

「新」台灣人深知：轟轟烈烈的一生，不是重演歷史劇，而是要改寫充滿台灣生命力的新劇本。

他們是悲情不再的務實者，更是左右台灣未來命運的新主人。

這些「新」台灣人到底在哪裡？他們事實上就出現在你我的前後左右，他們就是無數的你與無數的我。

一九九四年十月

20

向「平民英雄」學「核心價值」

「平民」英雄鼓舞大家向他們學習：

正直、善良、勤奮、誠信、進取與包容，

這些正就是平民英雄所擁有的台灣核心價值。

「壞」消息當成「好」新聞

當前台灣媒體受到指責，一個原因是：把「壞」消息當成能熱賣的「好」新聞。

在謊言與貪婪泛濫的年代：走出國會，才能找到做人的誠信；走出公家機構，才能找到做事的效率；走出企業總部，才能找到人性的美德。台灣前進的動力，看來只能「禮失求諸野」。

一九八六年創刊以來的《遠見》雜誌，選擇另一條路：傳播進步觀念，使它成為台灣社會前進的動力。

「台灣之光」的普及版

二〇一三年十二月號《遠見》推出「看見台灣平民英雄」封面專題，猶如一聲春雷，喚醒大家原來台灣這塊土地上，到處都有值得報導的英雄。這是一個「台灣之光」普及版。這也是《遠見》出刊三三〇期的獻禮——以一個又一個的真實故事，推動台灣前進。

舉三個實例：（一）八十歲的醫師陳雲址，仍然熱心地守護恆春人健康，凡事親力親為，十九年前剛來恆春時，是唯一的眼科醫生；捨棄了個人享福，各處義診；他賣掉房子，也要照顧病人。（二）三十一歲的綠島熱血國中教師蔡章弘，堅持留在離島任教，免去學生頻換老師之苦；用心設計課程，擴大離島學生的視野。（三）十六年前來自柬埔寨的林麗蟬，積極投入協助新移民融入社會，為外籍配偶發聲，促進新移民及新台灣之子權益，也婉拒柬埔寨政府挖角。目前還在攻讀暨南大學非營利組織研究所的她說：「台灣是我的家，要在這裡（彰化花壇鄉）落地生根。」

二位平民化的哈佛校友

馬總統二〇一四年一月十三日在總統府中接見了十位「《遠見》平民英雄」。當這位《沉默的魄力》一書的作者，見到一群「沉默的奉獻者」，現場氣氛格外親切，一一握手，個別合照。這位在哈佛讀法律的政治領袖，是一位平民化的總統，他最痛恨特權與財勢。因此相互交談就如多年朋友的相聚。大家都感受到台灣社會本來就應當是全民參與，共同奉獻的。近年來的政黨惡鬥、國會亂象以及一些媒體的偏激言論，是對台灣善良人民的背叛。

當天下午他們參加了「《遠見》平民英雄分享座談會」，親身講述他們的故事。大家立刻發現這些平民英雄的DNA：正義感、壓不住的衝勁、採取行動、全心投入。

另一位哈佛讀法律的陳長文律師，在開幕講話充滿了感性與理性，這正是他一生的寫照：理性處理法律上的專業，感性發揮他的大愛。外表上看來，似乎有貴族氣質，他卻一直熱心地為弱者仗義執言，他投入公益的時間不會少於他用在專業上。

核心價值

這些平民英雄經年累月無私的投入，已使每一個人深切地感受到，人性善良既有自發性，也有擴散性。他們的行為已經減緩了社會資源的失衡，也填補了一些政策的盲點。

事實上，當一個社會愈來愈走向文明時，政府的力量（包括國營企業）就要持續地減少，這正是大陸領導人習近平要做的重大改革。台灣三十年來的民主浪潮帶來了政治上的各種解放，誘發了民間蓬勃的生命力；不幸的是，也併發出另一堆新問題，那就是貧富不均、政商貪腐、民代囂張、媒體偏執。

目擊這些現象，讓我們這個「平面」媒體，持續尋求「平民」英雄，鼓舞大家向他們學習：正直、善良、勤奮、誠信、進取與包容，這些正就是馬總統告訴平民英雄們所擁有的台灣核心價值。

二〇一四年二月

21

下一個賈伯斯在哪裡？

賈伯斯給年輕一代的二句話：

Stay hungry（求知若渴），Stay foolish（虛心若愚）。

或者再加一項：「Stay alert」（心存警覺）。

遠見・天下文化事業群創辦三十多年以來，引介過許多觀念領先的管理著作，也出版過眾多啟發人心的書籍。但從來沒有一本書能像《賈伯斯傳》一樣，出版的過程就如同傳主本身，也是一種傳奇。在保密的限定下，這一過程都將永遠無法公開。

我們出版《賈伯斯傳》中譯版的最大願望，不只是在深入瞭解或仰慕一代科技創新巨人，更是在激勵台灣的科技界與年輕一代：什麼時候台灣會產生自己的賈伯斯？真如在眾多領域中，逾百位的「台灣之光」已在國際舞台上耀眼演出。

賈伯斯之「偉大」，不是因為他是完人，而是因為他是凡人。「凡人」的成就卻能像「完人」一樣的傑出，這是稀罕而珍貴的。像普通人的生活經歷（如大學休學、嬉皮放浪、靈修體驗、未婚父親、癌症搏鬥），以及職場生涯（創業挫折、東山再起、爭議性的領導風格）；只有他一再令世人驚艷的產品，只能讚歎與仰望。

賈伯斯（一九五五～二〇一一）這個人，無人不知，但是他守密成性，背後的真實人生，難以破解。幸虧在他親自邀請及授權下的自傳，透過著名傳記作家艾薩克森（Walter Isaacson）近五十次的訪談，讀者終於能夠看到較真實的他。

從八百頁的授權自傳中，讀者可以真實地了解他五十六歲的生命轉折與登峰造極。大家可以各取所需地，從他的成長中、爭議中、失敗中、成功中獲得啟示、獲得力量以及獲得教訓！

一位西方人士寫得好：「賈伯斯在世時，他屬於蘋果；現在，他屬於全世界。」

什麼時候再會出現另一個賈伯斯？也許不要太悲觀：科技發展的路上，充滿「冷寂與爆發」的起伏，遲早就會有另一波的革命與革命家。曾來台北演講的諾貝爾經濟獎得主摩坦森說：「我現在博士生多半來自其他國家，若干年後諾貝爾獎會愈來愈多非美國人。」按照這個推理，在矽谷有這麼多的華人工程師和企業家在打拚，大中華地區遲早就有可能出現未來的賈伯斯！

要做另一個賈伯斯的起步，我的建議是：必須做到他在二〇〇五年史丹佛大學畢業典禮中送贈年輕一代的二句話：「Stay hungry」（求知若渴），「Stay foolish」（虛心若愚），或者再加一項：「Stay alert」（心存警覺）。

二〇一一年十月

22

為什麼鼎泰豐能在高峰之巔？

鼎泰豐的經營原則：
以好奇之心不斷精益求精；
以謙卑之心再上層樓；
以果斷之心堅守原則。

一位五專生的成就

瑞士以一代代專業的「工匠」精神，打造了舉世聞名的鐘錶；台灣的鼎泰豐，以細緻的「手藝」精神，一年又一年打造了小籠包世界。

瑞士有「天下第一的手錶」；台灣有「天下第一的小籠包」。

好像沒有人稱過鼎泰豐的創業人楊秉彝父子為「楊師傅」。就讓我把這個「師傅」的尊稱送給第二代的掌門人楊紀華。我一生當過老師，很嚮往做「師傅」。這麼多年來受過他磨練教導的徒弟們，一定很高興他們的老闆，多了一個這麼親切而又貼切的稱呼。

大家熟知：「魔鬼藏在瑣碎細節裡」，鼎泰豐沒有抓不到的魔鬼；大家比較陌生的是：天使常躲在「堅持原則」的背後，鼎泰豐對原則的堅持，做到了極致，因此顧客看到了天使般的品質與微笑，那是楊師傅對經營原則的堅持。

當此刻大家在熱烈討論大學生就業薪水過低時，這位五專畢業生，是靠自己日日夜夜地工作，時時刻刻進出廚房的親自體驗中所產生的「堅持」。他今天在專業上的成就是世界級的，遠遠超過了太多會念書的學生、太多有高學位的專才。

楊師傅的「經營八則」

透過《鼎泰豐，有溫度的完美》作者林靜宜的深入採訪，以及自己多年來既是朋友，又是顧客的觀察，可以歸納出楊師傅堅持的「經營八則」：

（一）永不休止的進步來滿足顧客。
（二）全力以赴地做到品質第一。
（三）品牌和商譽要永遠更上層樓。
（四）三心：單純之心，把店開好；專注之心，抓住細節；分享之心，與員工同甘苦。
（五）三好：品質要好、對客人要好、對員工要好。
（六）三不急：擴店不急、利潤不急、文宣不急。
（七）「花若芬芳，蝶蜂自來」，東西好，顧客來。
（八）「誠信」是家訓、是商道、是守則。

從鼎泰豐的經營成就看來，東方文化中做人做事的道理，要比西方求快求變的經營策略，更能持久。在台灣這個島上，我們有一項迷你產品可以傲視世界，那就是在台北信義路上，以小籠包聞名中外的鼎泰豐。

大學者的讚不絕口

二〇一四年六月上旬《遠見》雜誌邀請了當今最熱門題目「大數據」的學者麥爾荀伯格來台訪問。他小時在奧地利的鄉村長大，十八歲到哈佛讀書，稍後在哈佛教了十年書，又轉往牛津任教。對他來說，來台北演講最大的「報酬」，是天天可以吃到道道地地的鼎泰豐小籠包。

離開台北那天我在「人文空間」送行，他意外地發現為他準備了兩籠鼎泰豐小籠包。告別前他興奮地留了三句話送給我們讀者：永遠保持好奇心，永遠大智若愚，永遠大膽行事。仔細讀他這三句贈言，也完全吻合楊師傅的經營原則：以好奇之心不斷精益求精；以謙卑之心再上層樓；以果斷之心堅守原則。

在當前飲食文化風靡全球之際，台北的鼎泰豐在顧客心目中，品質上是全球「第一」；經營法則上更是全球「唯一」；這樣的榮耀是屬於楊紀華師傅及他一千六百多位員工。

二〇一四年九月

23

年輕人要出國學習：接觸陌生，改變自己

勇敢地面對陌生，接受改變。

熟能生「懶」、生「銹」；改能生「巧」、生「變」。

捨棄同溫層，「陌生」可能會點燃你生命的火花。

走出舒適圈

近年來拿了中華民國護照，可以進出一百多個國家，不需事先簽證，這是難以置信的奢侈。一九七一年，在美國教書時，受邀到哥本哈根短期教研。一家四口，二個孩子在美國出生，通行無阻；我與妻子拿了中華民國護照，路經英、法、德等西歐各國，沒有一國不需要花一、二週才能辦好簽證，需要填各種表格，準備好機票、旅館、邀請函、相片、手續費，格外體會到「弱國無外交」的痛苦。

此刻出國這麼方便，可惜大多數年輕人是旅遊多，學習少。年輕人要好好出去讀書及工作，幾年後回來貢獻所學；走出小舒適圈，才能成大事。

外國人才要留得住

一個國際機場上只看到自己的同胞，一個大學只看到自己膚色的教授與學生，一個商業鬧區只聽到同樣的語言、一個旅館進出的客人看不到奇裝異服，這就是保守、寂寞、冷清，在台灣看到的場景。全球化中佔一席之地的台灣，竟然會有這種獨樹一幟的孤單！只能無語問蒼天。

事實上，這個被世人認為小確幸的台灣，到處充滿了對外國人不友善的規定，使人才望之卻步。行政院長林全近日已與立委溝通，希望立法院早日修正國外專才規定——對就業、居留、簽證、保險、租稅、退休、配偶等等不合理的規定，給予較多放寬、彈性及優惠。讓我大聲地說：這種法案的快速修正，才真正符合當前台灣要拚經濟的政策。

年輕人不出國學習，外國人才不易進來，台灣的明天在哪裡？三十年前全球搶石油，然後搶資金，搶市場，此刻搶人才。

多與陌生人接觸

佛里曼在《謝謝你遲到了》一書的第五章中，生動地描述了「陌生接觸推動社會轉變」。

記得半世紀以前初抵美國，從清寒的眷村生活，住到一位完全陌生的老太太富裕的家中，從她的言行與生活細節中，不僅沒有絲毫奢華，永遠散發出她的慈祥、信任及對弱者的慷慨。

以後在美國社會讀書與教書的生涯中，一直與「陌生」為伍。接觸到「陌生」的思想、行為、組織、文化、人物等。這種「陌生」接觸，竟然和已故歷史學者麥克尼爾（William H. McNeill）的經典之作《西方的興起》一個重要論點相符合，那就是「社會轉變的主要驅動力，是來自於陌生人接觸——這些陌生人擁有你完全不熟悉的新技能。」『和陌生人接觸，會激發我們產生不同的想法與做法，由於想要一較高下，創新便會發展。」

人人嚮往的矽谷與鄰近的舊金山，在過去五年湧入了約二十四萬陌生的、大多數是有科技才能的移民，矽谷的軟體工作者約七成是在國外出生的陌生人，尤以亞裔之印度和華人為主。因此有人評論：「沒有陌生的外國人才貢獻，就不會有大家熟悉的矽谷。」

《遠見》調查：年輕人開始走向大陸

台灣經濟政策優先次序的錯置，投資的不振，內需的疲弱，薪資的低落，終於觸發了人才被「推出去」，以及人才被外面「拉過去」的警訊。他們用腳走向陌生的地方，去陌生的機會中尋找新天地。

《遠見》研究調查三月中旬發佈：整體樣本（一千零七人）中近六成（五八．八％）願意出國發展，半數以上（五一．五％）願意赴大陸發展，遠比去新南向地區的意願為高。（見頁一六三附表）

細看二十～二十九歲的受訪者，則有超過七成（七一．三％）願意出國發展。近六成的年輕人願意赴大陸發展，遠高於其他幾個主要的東南亞國家。三月初大陸總理李克強再度對台灣青年指出，在大陸學習、就業、創業、生活會提供更多便利。

青年朋友們：勇敢地面對陌生，接受改變！「熟」能生「懶」，「熟」能生「銹」；「改」能生「巧」，「改」能生「變」。捨棄同溫層，接觸陌生人；「陌生」可能會點燃你生命的火花。

二〇一七年四月

如果有機會，你會希望去以下哪些地區發展，包括投資、工作、或是求學？

	會	不會
整體	58.8%	41.2%
20-29歲	71.3%	28.2%

地區	整體	20-29歲
中國大陸	51.5%	59.5%
越南	31.5%	29.7%
泰國	24.1%	31.7%
印尼	23.5%	23.6%
菲律賓	15.9%	25.7%
其他	25.5%	29.9%

資料來源：《遠見》雜誌二〇一七年三月號

24

誰決定年輕人的前途？

——答案就是「你自己」

你掌握了你自己的命運。

自己的一切，就要靠自己好好讀書、做事、做人。

自己的前途，不需要政府插手，

而是靠自己的獨立思維、本領、熱情、品格以及企圖心。

作為一個知識工作者，我的專業是經濟，但最關心的是教育；作為一個公民，我最憂心的是國家前景與下一代幸福。我有時想：如果一九一九年的五四運動除了提倡德先生（民主）與賽先生（科學），還同時提倡經濟與教育，中國近代史是否會改寫？

對一個國家的現代化，這四項都同樣重要。但還要有一個關鍵前提：國家不能陷入戰亂之中。這就是說：「和平」是國家發展的先決條件，「和諧」是社會進步的必要前提。

百年來的中國何其不幸，建國以來就陷於戰亂之中（我在中日抗戰中的南京出生）；又何其幸運，自從一九四九年我隨雙親來台之後，台灣雖有戰火的威脅，但卻沒有烽火的洗禮。

二〇〇八年以來因為台灣與大陸接受「九二共識，一中各表」，兩岸關係有穩定的進步。這對整個台灣的發展，特別是年青一代，多了一個大顯身手的機會與寬闊的人生舞台，令我們走過兩岸對抗年代的人為他們慶幸。

你掌握了自己的命運

我在新加坡的朋友，從與中國大陸交往的經驗來比較，就非常羨慕我們的語言、文字、文化以及地理位置。二〇〇八年全球金融危機後，中國大陸在世界舞台上已經與美國並起並坐。不少人認為：面對二〇一二年又一波的全球衰退，真正能帶動全球經濟復甦的火車頭不再是傷痕累累的美國，而是擁有超過三兆美元外匯存底的大陸。

如果今天的台灣與大陸仍處於「敵對」，台灣經濟將陷入極大的困境。這也說明為什麼不少大企業公開指出：有了兩岸關係的穩定，才容易保障台灣老百姓生活的安定。

今天大陸的一個省：廣東、浙江、江蘇，它們的經濟實力與潛力就已超過台灣；一個大上海區的人口就超過我們的二千三百萬。過去兩岸關係緊張，聽到這種比較，就產生「長他人威風」的反感；此刻，我們已經逐漸克服了心理上的障礙，把這種比較，看成台商發展實力的機會。

邱吉爾曾說過：「悲觀者看到每一個機會中的困難；樂觀者看到每一個困

難中的機會。」今天的中國既多問題，也多機會。要去那邊發展，就在於我們自身的實力與努力，這包括了判斷力、執行力、想像力……。

現在進入了年青人前途問題的核心：首先使我想到一九六一年一月，在電視機前聽到甘迺迪總統就職典禮中的兩句話：Ask not what your country can do for you, ask what you can do for your country. 對當時二十三歲台灣留學生的我來說，上了公民的第一課：美國總統告訴選民，不要想國家為你服務，而要想你為國家服務。自此更下定決心：儘管美國遍地有機會，一切還是要靠自己，不能靠政府。

從那段半世紀前的場景看來，誰決定年青人的前途？答案是肯定而簡單：你自己。這是一個多麼乾淨的、乾脆的、自尊的、自信的答案。

你掌握了你自己的命運。自己的一切，就要靠自己好好讀書、好好做事、好好做人。在那種大環境的磨練下，這些留學生回到台灣，一波又一波帶動了學術研究、投資創業、政治參與、推動民主等浪潮。

Join the World走出去歷練

如果年青一代問：「找不到工作，責任在誰？」微觀來看，讓我直話直說：你擔心找不到工作，我擔心你有沒有用心學習，你是否缺少專業訓練，你是否也缺少工作熱情。如果你已經準備好，即使當前失業率約四．四％，還是有很多空缺找不到人。如果這些空缺需要體力勞動，需要到外縣市上班，可能薪資不如你的要求，或需要較高技能及工作經驗，而你都不符合，那麼你就必須做調整。

宏觀來說，政府有責任提供一個生活安定及適合投資的大環境。如果景氣好，投資多，經濟活力強，地區大，那麼相對而言，當然工作機會多。這就是為什麼兩岸關係穩定，兩岸經貿活絡，兩岸往來自由，對年青一代是那麼重要。

「Join the World」（融入世界），不論是留學、遊學、旅行、工作，在這個「世界是平的」潮流中，是年青一代必須要經過的一段人生歷練。

如果我還是年青人，我會有清晰的目標和堅定的決心，我更會告訴自己：我們真是幸運與幸福的一代，已不再有老一輩那個年代的艱困、閉塞、限制、禁忌。

自己的前途，不需要政府插手，而是靠自己的獨立思維、本領、熱情、品格以及企圖心。

兩個月前三位諾貝爾獎得主（失業與就業是他們得獎的專門領域）來台演講，我請教其中兩位同樣的問題：「如果年青人找不到工作，是自己還是政府的責任？」他們不假思索地一致回答：「當然是年青人自己。」

前哈佛大學校長桑默斯（Larry Summers）說過：「年青一代不是去『尋找』工作，而要有本領『創造』工作。」

如果你抱怨找不到工作，請你記住：在這個資訊超載的年代，唯一不輸的法則是：自己比別人學習得更快，自己比別人的自我要求更嚴厲。

二〇一二年二月

25

「老人」的稱呼不全是「依賴者」

體弱多病、收入微薄的老人，當然需要各方照顧；
但有財力的、有能力的、有愛心的、有時間的、有健康的老人，
泛稱為「有能力」的長者，
則需要做出生命中最後的奉獻。

台灣社會只要討論到人口老化，立刻的聯想是政府更有責任來照顧、補助、津貼那些老人。這種天經地義的想法，符合倫理，也與需要幫助老人的事實相近；沒有人會或者敢反對。

如果這是北歐社會，從年輕時就繳較高的稅及年金，到了晚年政府提供一切應有的照顧，那是對稱的、公平的、理所當然的。我們的情況是，國民平均稅負居然不到十三%，政府要做的事那麼多，怎麼辦呢？

「老」的刻板印象

「長照制度未建立，台灣將成老人煉獄」。如果閱讀「人口老化」的相關文章，十之八九都是這樣的口吻，要如何加強對老年人的各種福利及照顧。這種聯想十分自然。我的朋友楊志良（他自己也已七十歲）感嘆：「『老』接近死亡，被視為醜，沒有價值，無生產力。」中國文字常出現：老朽、老不死、老生常談、老態龍鍾、倚老賣老、老淚縱橫……來醜化「老」；偶然也出現「退而不休」「老當益壯」「老而彌堅」，來為「老」打抱不平。

近日媒體大幅報導，台灣的老化指數破百（六十五歲以上人口超過〇～

十四歲的幼年人口），似乎台灣已正一步步走向末日？

引起誤解的簡單推論是：把所有六十五歲以上的長者都當成負債、負擔、負數，因此青壯人口的「扶養」比例逐年增加，由目前的五點六，到二〇六一年變成一點三，這是多麼沈重的負擔！如果換一個顛覆的想法，讓「有能力」的長者不是被「撫養」，而是來「領養」年輕人，如果有十萬長者來幫助他們創業，變成「十萬創業軍」，該可以產生多大的社會向上力量？一念之間需要被「撫養」的老人，居然變成了「領養」年輕人的施惠者。

夕陽中的精彩人生

老人有兩類，一類是年紀大需要照顧的病患者與經濟弱勢群。我要討論的是另一類——前面提出的「有能力」長者。如從六十歲左右算起，也真是人生的黃金階段，西方學者稱之為人生第三波，讓我們形容為：「生命中最珍貴的奉獻機會」。

我們那一代在努力地學習與工作，年老時自己照顧自己。一些好朋友，年幼時來自大陸，獨立奮鬥，現在年過八十，事業有成，一直仍在奉獻社會。

當我們因為自己的努力，工作了一輩子，晚年還不能獨立的安排自己的晚年，豈不是白白辛苦了一生？晚年時出現政府的照顧、子女的孝順，要把這些看成「意外」的好意。

不要認為這種說法是高調，而是回歸到人性的自尊與自立的本質——不佔政府便宜、不增加子女負擔、不倚靠陌生的第三者幫忙。

更進一步說：自己的財富與愛心，不應當只屬於子女，更應當慷慨與社會分享。「捨」比「得」、「施」比「受」更延年益壽。

從樂觀的角度來看黃金年華，就出現了精采的晚年。現代醫學、營養、生活環境、心理健康等，使進入高齡的人，可以從容而自信地規劃，把夕陽變成朝陽的另一個新人生。

天下文化的王美珍主編就在最近推出「50+好好」數位平台（50plus.cwgv.com.tw），一個專屬五十歲的新媒體與生活風格社群。

引證幾個實例：

齊邦媛教授發表她生命巨著《巨流河》，引起國內外一致佳評時，她已是八十五歲。王建煊先生在監察院長任內，已是七十多歲，利用假期幫助緬甸等地的貧窮地區，並且寫了一本感人的書《貧民窟：看了會哭的地方》；並且發起成立「無子西瓜基金會」，來協助沒有子女照顧的老人。

已過八十歲的「君子企業家」鄭崇華先生，創辦台達電後，在晚年大量捐贈國內大學蓋實驗室、建大樓，並且持續在推動綠建築與永續發展。

近七十歲的嚴長壽先生透過公益平台，除了他自己百分百的奉獻外，也匯聚了海內外社會精英，離開了生活舒適圈，共同打造公益。二〇一七年一月出版的《在世界地圖上找到自己》，又再度引起了社會各界的重視。

張育美的「吾齡時代」

二〇一六年十二月《遠見》封面故事〈向老說不——我的熟年進行式〉，生動地報導了即將六十歲的天成醫療體系董事長張育美。一開頭文章就引用她：「我的『吾齡』時代來了。」

這是張女士自創的一個名詞，「吾齡」的意思是：「我說幾歲，就是幾歲！」多麼自信！多麼帥氣！

我自己早已進入高齡化時代，但面對「吾齡」一詞的出現，熱情擁抱，說不定我與你的年齡還很接近呢！說不定你還會幽默地鼓勵：「老人」不會是「依賴者」，還可能是「施惠者」呢！

二〇一七年四月

26

面對無處不在的「濫」，你怎麼辦？

「多」與「濫」互為因果；「濫」與「劣」互為表裡。

- 太「多」的大學，就有「濫」竽充數的師生。
- 太「多」的媒體，就會「濫」用言論的自由。
- 太「多」的政治人物，就能泛「濫」成災。

這些「濫」與「劣」的交互衝擊，自然無法產生美好的社會。

市場機制失靈

台灣社會陷入一個供給過剩、品質參差不齊的漩渦：始作俑者是太多的大學、太多的媒體、太多的政客、太多的內鬥、太多的權勢誘惑⋯⋯。「太多」的另一端是「太少」：這是多大的諷刺，在「太多」之中，台灣找不到接近世界一流水準的大學、智庫、媒體、銀行、機場，以及乾淨的政商關係。

這正呼應一些國外友人的憂心：台灣處處出現小確幸的自我安慰，在這種自我感覺良好下，怎會有硬體上的大建樹（如巨蛋）、軟實力上的大突破（如吸引外國人才）？溫水中的青蛙愈來愈虛，溫水的溫度也愈加愈高。

按照市場經濟的運作，如果貨品或勞務「太多」，就會透過競爭，淘汰品質差的，服務劣的，造成供給減少，使「太多」消失，趨向供需平衡。但是，台灣的現況是出現兩股力量阻擋了這樣重要的調節機制：

第一，非營利組織（如各級政府機構），可以在「政治正確」下不計盈虧，在選票考慮下固執向前。

第二，即使受市場盈虧所左右（如媒體），大多數的經營者寧可在虧本邊緣掙扎，既缺少調整經營模式的能力，也不肯急流勇退，變成了「死要面子活受罪」惡性示範。這又造成了三個不幸的後果：

（一）專業水準無法提高：有限的人才分散在太多的大小媒體。

（二）正派經營難以堅持：放棄公正報導原則，選邊站，又因為競爭劇烈，市場佔有率萎縮，就在道德邊緣與法律邊緣遊走；不斷犯錯之後，也使同業的聲譽受累。

（三）一旦「合理利潤」難以獲得：企業也就無法提供員工合理薪資，經年累月在低薪邊緣工作。

除了「濫」，「失落」跟著來

台灣這個半開放的社會，看來自由、多元，充滿小花小草的四處萌芽；仔細觀察，外有國際環境的不利，兩岸關係的惡化，內則盈利少、研發少；人才差、品質差；待遇低、士氣低；以及討好的低費率與低物價；難以鬆綁的法令與組織改造。

年輕一代的作為，更令人焦慮。既缺乏台灣經濟起飛年代的打拚，更少當前大陸年輕人的狼性與矽谷科技人的冒險。

再綜合地說：超過市場需要的「多」，就是「濫」；不爭氣的年輕人就淪為「失落」的一代。

建立淘汰機制

凡是危害健康的、不守信譽的產品、服務、個人言行、政治承諾能持續出現，就是「泛濫」與「惡劣」。因此，大家常聽到了這些令人厭惡的名詞：濫貨、濫造、濫取、濫伐、濫調……。另一方面，大多數年輕一代的缺乏鬥志、缺乏雄心、缺乏反省、缺乏自求多福，也就變成了「優不易勝、劣則一定敗」的一代。

當「濫」還能持續存在，出現「劣幣逐良幣」，就會產生失去紀律與犧牲品質的惡性循環，更是喪失了淘汰機制，這不應當是台灣的宿命。扭轉的起點，就是從三方面同時著手，來減少無處不在的「濫」。

（一）不折不扣的執法，尤其針對不良的產品，失實的傳媒，政商的勾結，特權的擁有等。

（二）經營者要以國際一流水準為自我要求。接受「平庸」，得過且過，馬馬虎虎，時時想佔政府便宜，破壞公平的規則，是羞恥的行為。

（三）消費者必須要以高標準，做正確的選擇。容忍平庸與失信者，就讓自己變成了一個缺少是非的縱容者。

這樣的共同努力，台灣社會才有可能，從泛濫成災的大環境與失落的一代中，漸漸脫身。

二〇一六年十二月

27
欣賞勝過擁有

最持久的擁有，
當然不是擁有財勢與權位，
而是擁有「欣賞」。

手的活力與心的約束

一九九五年一月中諾貝爾經濟獎得主克萊恩（L. Klein）訪台時，被問及：「哪一個經濟理念，對人類福祉的增進最有貢獻？」克萊恩不加思索回答：「一隻看不見的手。」

二百年前經濟學鼻祖亞當．史密斯就認為：在追求自己的利潤的誘因下，生產者會在市場機制中，生產價廉物美的商品，來滿足消費者的慾望。宛如冥冥之中，有一隻看不見的手，在揮舞魔杖，調節供需。

二百年後，這隻看不見的手，徹底地擊敗了政府全面干預經濟活動的那隻看得見的手。

但是市場經濟學派不要太過自信。因為在今天高度商業化活動中時時出現了「市場失靈」的例子（如垃圾的處理、汙染的防止），仍需要一隻看得見的手來補正。

不論是接受「成長極限」的預警，或者為後代子孫的福祉著想，人類如果一直讓看不見的手來誘發利潤，不加節制地生產與消費，那麼人類無盡的欲望如何能靠有限的資源來滿足？

因此，筆者要在二十世紀末葉呼籲：一隻看不見的手，可以誘發利潤、累積財富、帶動經濟發展，但它必須要配合一顆「與人共享的心」，節制消費、追求永續生存。所得低時，發揮一隻手的活力；所得高時，要有一顆與人共享的心來約束。

進入「欣賞」的境界

看不見的手在鼓勵「擁有」；「與人共享的心」在提倡「欣賞」。在一個每人所得已超過一萬美元的社會，再鼓吹「擁有」就顯得貪婪；來提倡「欣賞」就變成了美德。

前教育部長郭為藩也強調：「擁有」不等於「享有」，「心境」比「環境」更重要。

在我們這個小康社會中，中產階級大概都可以「擁有」生活上所需的財貨，所購買不起的則是屬於一些少數富豪與特權份子才能擁有的——豪華的住宅與汽車、珍貴的珠寶與收藏、名畫、名犬、高爾夫球證等等。

如果一般人也一定要想擁有這些，則窮一生之力，也難以完成願望。因此，先賢一再告誡要戒貪與戒嫉。

當「衣食足」之後，人比較容易知廉恥，也比較容易晉入「欣賞」別人財富，自己知足常樂的境界。

我們試想：

- 擁有價值連城的名畫、古董、珠寶，要多擔心它的被竊盜？
- 擁有豪華別墅、遊艇、私人飛機，需要多少照顧？又需要面對多少懷疑？
- 最難以避免的一個致命傷是——再珍貴的「擁有」，也會日久生厭。

這就是為什麼西方社會中的大富豪，通常在生前就不自覺地會變成大慈善家。「擁有」愈多，愈容易及早發現：獨樂樂不如眾樂樂。當個人把珍藏奉獻出來時，個人的「擁有」，就提升為眾人的「共享」。

從來沒有擁有過這些珍藏的你與我，心中還可以有一絲阿Q：我們連捐贈的各種麻煩都省了。試看一些怕出名的富豪，只好以「無名氏」的方式捐獻。

社會上之所以還會有一毛不拔的守財奴，就是他二隻眼睛的焦距都集中在「擁有」。這些人是患了「共享」的色盲症。

走入人性化的社會

每一個人都會在不同的人生階段，嚮往不同的「擁有」。如果有智慧（或者能夠阿Q），也就可用不同的「欣賞」來彌補：

- 沒有書法家的才華，買一本帖來欣賞，不等於「擁有」了嗎？
- 所住的公寓沒有綠地，走到公園不就擁有了大自然了嗎？
- 自己買不起名畫，到故宮觀賞，不就是擁有了歷代精華嗎？

這些例子中的「欣賞」勝過「擁有」，或者「共有」勝過「私有」，有一個基本前提：這個社會要能夠提供高品質的公共財（如公園、博物館、捷運……）。當社會無法提供時，個人就無法「欣賞」，只能選擇「擁有」（例如在既無捷運，又少禮貌、可靠的計程車下，不得不買車）。如果連「擁有」（從乾淨的空氣到公正的司法）也無法取得時，就不得不考慮出走或移民。

一個要得到選民支持的政府，必須要有效率地提供現代化的公共財。但是必須指出：天下沒有白吃的公共財！也只有當一個社會擁有了豐富而多采的公共財之後，個人的「欣賞」才容易展開。

一旦我們真正擁有了欣賞的氣質，我們就會立刻變成最知足的人；這個社會就會變成愈來愈可愛、愈來愈人性化了。

一九九五年四月

28

企業家的二十五項自我要求

「大」企業家是規模大、營收大、利潤大；

「偉大」企業家則以「奮鬥」為起步，「分享」為歸宿。

「企業家」不是只顧賺錢的生意人，也不是一般普通人，社會對他們有高度的期望。他（她）們要發揮強烈的使命感，也要拒絕各種誘惑與陷阱；他們必須要以實際作為，顯示他們的事業成就及人格特質，來贏得社會的尊敬。

「企業家」是指不分年齡、性別、家世、教育程度的人，有能力組合生產因素（人才、資金、技術、資訊等），肯冒險，敢投資，能抓住機會，創造新模式或闖出一番事業，並且樂意與員工及大眾分享成果。

社會上蘊藏的生命力因他們的示範效果而擴增；也可能因他們的斤斤計較受到折損。

「大」企業家是規模大、營收大、利潤大；「偉大」企業家則以「奮鬥」為起步，「分享」為歸宿。比爾蓋茲是當前世界上從「大」變成「偉大」企業家的範例。台灣的「大」企業家已經不多，「偉大」企業家更少。

古今中外有數不盡的格言，勉勵人之向上、向善。這裡是我從有限的觀察及閱讀中，整理出二十五項，供「企業家」自我選擇及自我實現。

生意人的陷阱

1.相信「關係」，超越相信「自己」。
2.相信喝酒才能交朋友，高爾夫球場上才能找商機。
3.相信發財不能等，忘了正派做人。
4.相信貪便宜、小精明，忘了走正路。

企業家的自我要求

5.「誠信」是做人，「品質」是做事，的基本準則。
6.公司要成長，不能等人教；公司有毛病，不能是最後一個知道。
7.有問題，自己不行，就找專家。
8.出「主意」容易，「做到」才算數。
9.自己要摸索領悟，更要「走出去」學習。
10.決定要做的事，就立刻啟動。
11.不讀書，趕不上變化。

12. 沒有效率，白忙一場。
13. 只有靠吸收新知識與學習新技能，才能與時俱進。
14. 必須要做的事，不斷想辦法做得更好。
15. 「熟」能生「銹」，「改」能生「巧」。
16. 個人本領有限時，更要授權。
17. 人做對，業績就容易好。
18. 把自己變成組織中進步的動力。
19. 自己失去工作熱情，就要急流勇退。
20. 擁有「開放」心態，才能找到人才，借重人才。
21. 創造機會比抓住每一個細節更關鍵。
22. 「興利」比「防弊」更迫切。
23. 賺錢要「爭先」，分享也要「恐後」。
24. A+企業的三法則：
- 法則1：「品質好」比「低價格」重要。
- 法則2：增加「營收」比「控制」成本重要。

• 法則3：遵守前二個法則。

25. 最後的提醒：做企業成長最重要的事，不是做自己最喜歡的事。

二〇一五年七月

29

知識共享及學以致用

——在中興大學母校成立「高希均知識經濟研究室」

「書」在我一生體驗中，它是啟蒙的「種子」、
學習的「階梯」、沉默的「老師」、
知識的「地圖」、前進的「力量」、
跨越無知的「橋樑」、打開封閉的「門窗」。

我是一介「書生」——為「書」而「生」。

自己何其幸運：一生與書結緣：讀書、教書、寫書，是一個教書人；後又投入「天下文化」變成了評書、選書、印書的出版人。這三個角色相互激盪，我都珍惜；變成了一生「樂在工作」的讀書人。

做讀書人最嚮往的就是知識的分享，進而能學以致用，推動社會進步。

趕上新世代的經濟思潮

在中日抗戰中出生的那一代，在顛沛流離中成長，父母最擔心的就是孩子的上學；孩子最渴望的就是有書可以唸。因此童年根本不懂什麼是玩具，最想要的是書本。昏暗的燈光下，認真地讀每一行字。

十三歲隨著雙親從江南遷徙到了南港，十八歲考進了台中農學院農業經濟系（現在的中興大學應用經濟系）。一九五四年九月從南港坐著火車一站又一站，在台中下車。第一次離開家，這個大一新生沒有恐懼，充滿了要吸收知識的激情。

「中國之窮，窮在農民；中國之弱，弱在農業；中國之貧，貧在農村。」

多位老師的訓勉開導了自己：讀農業經濟實在是正確的選擇；「誠樸精勤」的校訓引導了自己一生的做人與做事。

農學院四年最常去的地方，就是靠近農經系那二層樓的小型圖書館。二樓有一小間放著二個櫃上了鎖的英文書。有一天終於鼓起勇氣，向館員借到一本農產品價格英文著作，如獲至寶。二小時之內就要歸還，不能外借。

劉道元老師（後來擔任興大校長）在我大三時，讓我晚間用他面對池塘的研究室，使我永存感激。他書櫃中的幾本英文書，就變成了我不斷細讀的參考書。

從大三開始，在英文材料裡，開始讀到「落後地區」、「經濟成長」、「貧窮的惡性循環」這些名詞，一門新的學科：「經濟發展」在一九五〇年代中期的西方世界開始萌芽。

我要趕上這班經濟成長思潮的列車，畢業前夕產生了強烈的意願想到美國讀書。一份助教獎學金，使我趕上了一九五九年南達柯達州立大學的秋季入學。二年後獲得經濟碩士，九月轉赴密西根州立大學主修經濟發展。在三個月的空檔中，寫了一生的第一本書《經濟發展導論》，次年八月由台北的美援會出版。

為書而生

在美國近半世紀的教研生活中觀察到：世界上沒有一個現代國家，教育落後而經濟進步的；世界上所有的文明社會，必然是一個愛閱讀的社會：自己閱讀，家庭閱讀，社區閱讀，國會議員也閱讀，媒體人也閱讀，有錢人也閱讀，每個人都是終身閱讀者。因此在台灣，我利用所有的場合，特別是對大學生，都強調：大量閱讀對現代人的重要。

十分興奮我能把一千多冊藏書送贈母校，成立「知識經濟研究室」。可惜的是：自己三十多年來的英文藏書，在三年前都捐贈了在美國執教的威斯康辛大學，自己住處也送贈學校稱為：「KAO International House」，做為國際交流中心。

「書」在我一生體驗中，它是啟蒙的「種子」、學習的「階梯」、沉默的「老師」、知識的「地圖」、前進的「力量」、跨越無知的「橋樑」、打開封閉的「門窗」。

二〇一四年十二月

30

馬雲在台北講話的聯想

舊地圖當然找不到新路線；
想到就要動手，動手才有可能「做到」。

馬雲的崛起是全球網路科技領域中另一個傳奇；只有在中國的環境中才能發生。那裡的市場大、消費者多，市場規則在摸索中；那位英語教師，能在淘汰最快的網路世界，變成英雄，是時代劇變以及商業模式混沌中的產物。他不怕犯錯，不怕失敗，也就不怕衝撞，不怕說假話，也不怕說真話。成敗與真假之中，他鴨子划水，時沉時浮。「我不是那麼好，也不是那麼壞。」

我不認識馬雲，正如我不認識巴菲特及賈伯斯。體驗一個人的雄心壯志可以來自個人的「接觸」；更可以來自理念的「接近」。就以他在二〇一三年十二月十五日台北的講話來看：他是一個很實在的人，怯於強調成功，樂於分享失敗，這是一個英語教師的踏實與謙卑。

他對年輕人的讚許、期望、信任，正如他的財富，也是空前的。中國首富的頭銜難以持久；對年輕人的讚許也要看年輕人是否爭氣。懂得金錢邊際效用遞減的人，還是無法體會想要變成首富的強烈慾望。他們覺得不是在追求財富本身，而是追求事業版圖及成就。當二者得到時，財富自然就驟增。市場經濟的運作本來就是優勝劣敗。

創業，渾身是膽

馬雲在創業的路上累積了痛苦與騰飛的經驗，使他養成了一身是膽，敢說、敢做、敢放、敢變。在此刻瞬息萬變的大環境中，曾經一帆風順的創業家是難以生存的。

年輕人要記得，他說：「只有經過生活的磨練、挫折、教育才會變成自己的知識。」

只想不做的人，要記住：「不要晚上想想千條路，早上起床走原來的路。」

當前台灣不少年輕人在黑暗中做夢，白天醒來，一切照舊。舊地圖當然找不到新路線；熟能生「巧」早就要被認定是熟能生「懶」、生「鏽」。「想到」就要動手，動手才有可能「做到」。那些企業主常常因為「沒想到」或「想不到」而被市場淘汰，是一個殘酷的結局，也是社會不留情的裁判。

我特別欣賞馬雲的這句話：「未來的經濟一定是利他主義的經濟，講究分享、透明、擔當。」

幾乎就在同一時間，《遠見》雜誌在越洋電話中專訪二〇一三年諾貝爾經濟獎得主羅勃・席勒（Robert Schiller）。這位專攻金融的耶魯大學教授指出：「一個優良的社會需要現代化的金融，但是擁有高薪及巨額財富的金融界人士也一定要回饋社會。」席勒教授提醒全球金融界的正就是：分享、透明、擔當。

大策略，兼具才情與魄力

對那些到世界各地開會的人企業家，我常留意他們在各處所做的公開承諾：

- 我要在這裡設立工廠、研發中心、實驗室……發展什麼產品，投資多少億，創造多少工作機會。
- 我要成立某某基金會，幫助窮孩子受教育，年輕人創業，老年人安居……。
- 我的企業會善盡社會責任：員工待遇要好，產品要安全，不製造汙染，不剽竊別人的智慧財產權⋯⋯。

如果有人耐心地來驗證他們的話，已經做到的實例是不多的。

馬雲所講的話來自商場上鉤心鬥角與慘烈競爭的體驗。有謙卑中的堅持，有自負中的反省，既有才氣也有些江湖豪氣。他不再表露小聰明，是在展現大策略。這位杭州教師有才情，也有魄力。

如果馬雲自己說的話都不能全做到，那麼誰能做到，誰就有機會超越馬雲。這也正是他強調透明及分享的可貴。

二〇一五年五月

31

八張機票
——與那一代的眷村子弟林全分享

林全比我小十多歲，六十年前來台的外省人及子弟，
也都融入台灣社會。
只有不分彼此，共同奮鬥，
台灣才有明天。

認識林全是他在政大教書時，知道他是專攻財政，伊利諾大學博士，那已是二十多年前的事了。

近日讀報後才知道，他是左營眷村的海軍子弟，住在自治新村。我內人也是左營眷村的海軍子弟，在建業新村長大。

三月二十七日《聯合報》標題「林全回鄉：眷村就是我的根」，報導中寫著：「準行政院長林全昨天與陳菊市長與及軍眷二代，一起到海軍忠烈將士紀念塔致敬。」引述陳市長的話：「樂見高雄眷村子弟擔任行政院長，盼他能為台灣族群融合、打破藍綠對立而努力，也呼籲眷村子弟多幫忙林全，讓他成為史上最成功的行政院長。」新總統這個任命，已經產生了族群融合的附加價值。

三月十八日，在「遠見華人精英論壇」網站上，我刊出一篇短文〈新閣揆林全宜以李國鼎為師〉。知道他眷村成長的背景後，讓我再送他二十五年前寫的一篇短文〈八張機票〉。文中寫著：「在我的成長過程中，『軍人』是一個榮譽與犧牲的標誌，『眷村』是一個刻苦與奮鬥的標誌，『軍人子弟』更是一個沒有特權依靠、沒有財富依靠、自力更生的標誌。」讀者就會理解為什麼林全當年擔任首長時說過：「要錢沒有，要命一條。」我猜想：在他心目中，錢要正當的賺，稅要合法的繳，自己能做的事少找政府，政府該做的事就要做好。他一生自我奮鬥與白我清白的經歷，正可嚇阻曖昧的政商關係，以及激勵年輕人的自我要求。

八張機票

原文稍長（一九九一年八月十一日《聯合報》），經過刪節，引述於後：

自從父親去世後，這麼多年來不懂英文的母親，一直與子女們住在美國。物質上再也不會欠缺，精神上難免有離鄉背井的傷感。

在眷村，沒有瓦斯、風扇與冰箱的日子中，她撫育了我們五個子女。回想起來，實在是一件太費心的工程。

在最艱苦的民國四十年代，父親一月的薪餉不足以維持家用。每到下半月，就要靠母親去四處張羅。每到開學時刻更是難為了她。「標會」似乎是她最常用的辦法。

高中時代，母親為了要讓我聽趙麗蓮老師的英語廣播，賣掉了她手上的最後一個戒指。那收音機所播出的，實在就是天下父母對子女的期望。

大學快畢業時，寄給三個美國大學申請表格的航空郵資就要花二百元台幣，相當於父親四分之一的薪水。有了助教獎學金，仍然無法湊足一張去美國的單程機票，票價是六百美元——台幣二萬四千元。那是民國四十八年。

苦思中的父親終於想到一個辦法：提早退休。一個少校的全部退休金是台幣一萬八千元。在同鄉與鄰居的幫助下，湊足了六千元，也做了平生第一套西裝。眷村的孩子穿了新西裝去美國讀書是件新聞，那遙不可及的出國留學居然在眷村發生，眷村子弟似乎得到了鼓舞。

松山機場親友送別，母親問我：「什麼時候才能湊足另一張機票回來？」宛如生離死別。

出國後的第二個月，從獎學金中月寄美金三十元家用。一夕之間，退休的父親變成了眷村的最高所得者。我每週從不延誤地收到父親寫來的航空郵簡，密密縫縫寫滿了他的叮嚀。三個妹妹能在國內受到完整的大學教育，我們只有心存感激。政府不欠我們什麼，我們欠了政府太多的照顧。

母親到機場接我，她老人家年過八十，一臉笑容，還是很健康。她可以敏捷而準確地撥十四個電話號碼，毫不費力地找到在台北的我。

這次去探望母親，帶去了一樣特別的禮物。

我遞給她一個紅信封。她打開信封，看到一張數字驚人的支票，急忙問我：「不可以送這麼大的禮給我，我不需要這麼多錢！」我告訴她：「這不是我送的，這是政府送的，是退輔會要我轉給你，這是父親的戰士授田證折算而來的。」

她熱淚盈眼，陷入沉思：「三十年前，父親為了你出國留學，不得不提前退休，當時的退休金還買不到一張單程來美國的機票。你曉得嗎？這些錢可以買八張來美國的機票。」

林至比我小十多歲，六十年前來台的外省人及他們的子弟，也都融入了台灣社會。只有不分彼此，凝聚共識，共同奮鬥，台灣才有明天。

二〇一六年四月

第四部——標竿跨時代人物

從一九六〇年代開始，人在美國教書的高教授，常利用暑假回台，參與經濟政策的討論與觀念的傳播。

一九八一陸續創辦《天下》雜誌、天下文化、《遠見》雜誌，讓這位終身教書的老師更有機會，深入台灣社會，結識社會各界的重要人物：李國鼎、王作榮、王永慶、郝柏村、星雲大師、孫震、陳長文、鄭崇華、蔡長海、馬玉山等。

從他們的言行中，讀者可以吸取到台灣積極向上的動力。

—編按—

32

馬英九和習近平，雙手緊握的是「和平」

沒有和平，台灣就一無所有。
馬英九輸了國內政治鬥爭的戰場，
卻贏得了兩岸和平的歷史定位。

一「握」泯恩仇

馬英九與習近平在全球六百多位中外媒體前，首次見面熱烈握手。這是一九四五年國民黨蔣介石與共產黨毛澤東見面後的第一次兩岸領導人會面，時間是二〇一五年十一月七日下午三點，地點是新加坡香格里拉酒店三樓。

此一歷史性鏡頭，折射出的是國共兩黨經過長達超過半世紀的鬥爭、戰爭；對峙、對立；終於跨越了「互相排斥、互不信任」的最後一里，出現了一「握」泯恩仇。鄧小平地下有知，也會興奮地說：「國際場合，國內場合，只要能解決問題的就是好場合。」在電視機前，我想到中國大陸的戰亂，台灣被日本佔領，與兩岸人民半世紀以來從貧窮中的奮起，在激動的淚光中：

- 看到八十一秒的握手、揮手、微笑、側身。
- 聽到「和平鐘」的聲音已響。
- 見到「兩岸橋」已經搭建。
- 想到「中國人打中國人」的夢魘漸漸消失。

我們的資深特派員楊永妙在現場下午三點整拍下馬習二位的握手及揮手

的影片。三點零二分傳送回台北總部，遠見FB於三點十二分上傳「馬習會」現場「世紀之握」影音，創下台灣最優先從新加坡回傳現場影像的平面媒體。

「馬習會」就是「和平會」

為什麼「馬習會」那麼重要？答案只有一個：因為「和平」的重要。為什麼「和平」重要？因為另一個選擇：戰爭，是人人唾棄的災難。

馬習會後，馬總統在美國大報《今日美國》（USA Today）發表專文，告訴西方讀者：「會面只有一個目的：鞏固台海前所未見的和平與繁榮。」「雙方領導人已經確認，只有和平才能為雙贏目標鋪路。」我從來沒有這樣盼望：國家領導人的公開講話一定要算數。

我是在中日抗戰及國共內戰中長大。自己經歷了二十世紀上半世紀的全面戰亂。中日抗戰中千萬軍民死傷；後半世紀的大陸與台灣軍事對峙；幸有台灣海峽的阻隔，避免了台灣島上發生打仗的悲劇。

回顧百年中國，有國家命運的顛簸起伏，有社會結構的解體與重建，有經濟的停滯與起飛，更有人間的悲歡與離合。

百年來我們中國人的歷史，徘徊在絕望與希望之中，毀滅與重生之中，失敗與癒傷之中，鎖國與開放之中。

自己出生於南京，十三歲到台灣，二十三歲去美國讀書。從一九五九年秋天到達美國那一刻起，脫離了戰亂的陰影。眼前第一次看到了真正安定、自由、奮鬥、創造富裕的現代社會。上天太寬待了這個東方年輕人，那天堂般的歲月中，在校園讀書、教書；在大學城成家、立業。

從此，我最大的嚮往就是「和平」，最強烈的反對就是「戰爭」。午夜夢迴想到的是：哪一天大陸與台灣能像美國社會一樣？

在英文字彙中，最使我著迷的是：

- Peace-maker　和平使者
- Peace treaty　和平條約
- Peace dividend　和平紅利

百年前設立的諾貝爾獎真有遠見：只有「和平獎」，沒有「勝利獎」。「和平」在我思維中生根，血液中奔騰，變成了我最要推動的進步觀念。用經濟學上機會成本的觀念，「戰爭」更是最可怕的支出，最大的浪費。

沒有一個國家因為教育預算比例過高而財政破產；但歷史上窮兵黷武，軍費過高，拖垮經濟，終致政權崩潰的例子不少。

艾森豪這位二戰的英雄，在美國總統卸任前沉痛地指出：

「每一支造好的槍、每一艘下水的戰艦、每一枚發射的火箭，最後說來，都相當於對那些飢餓無糧者和寒冷無衣者的偷竊。窮兵黷武的世界，不僅只是消耗了錢財，也消耗了勞動者的汗水、科學家的才智，以及下一代的希望⋯，這絕不是我們應有的生活方式。」

艾森豪應當得諾貝爾和平獎。

「和平紅利」創造者：馬英九總統

「在兩岸關係上，要一年補八年。」這是馬總統剛接任時的談話。

沒有馬總統接任後立即果斷地推動兩岸互動（包括直航），就不會有大陸領導人近年善意的宣示：海峽兩岸中國人有責任共同終結兩岸敵對歷史，竭力避免出現骨肉同胞兵戎相見，讓後代子孫在和平環境中攜手創造美好生活。

馬總統也一再呼籲：兩岸和平是為台灣提供了「創造嶄新情勢，分享和平紅利」的新機會。雙方的善意，終於開啟了兩岸和平的契機。

冷戰時期人民所渴望的「和平紅利」是泛指：一旦戰爭結束，就可以用削減的軍費來從事百廢待舉的各種建設。這個傳統的定義，在今天的兩岸關係出現了可喜的延伸及擴大的場景。

當前台灣隨著戰爭威脅減少及兩岸互信增加，「和平紅利」已經創造了更深遠的良性效果：台灣變成了：（1）二千三百萬人民安身立命的地方；（2）回國定居及短期旅遊的優先選擇；（3）跨國企業投資的海外據點；（4）國際聯結的重要一環；（5）建交友邦的數目不再受減少的威脅。

馬總統近八年來影響深遠的政績，就是兩岸獲得了前所未有的、多層面的互動：包括制度化的協商、經貿、文化、教育、金融、科技、醫療、觀光等領域的拓展。

馬總統在二〇一二年提出「東海和平倡議」；二〇一五年提出「南海和平倡議」，立即獲得了國際上普遍的肯定，也完成了馬總統卸任前的區域戰略拼圖；並稱讚他的「活路外交」，並認同他是「負責任的利益關係者」、「人道援助提供者」。我國免簽證的友邦數目，因此而躍升至一百五十八個。

面對本土台獨及媚日勢力，大陸「促統」、「一中」的壓力，美國的「指導棋」，馬總統能在維護國家尊嚴及台海和平之下，屢屢獲得兩岸及國際突破，實屬不易。

《遠見》雜誌於十月二十八日「華人領袖遠見高峰會」上，贈與的「和平貢獻獎」，是肯定馬總統為台灣開創了政府的施展空間、調整了政策優先次序，擴大了民間與世界接軌。

當馬英九當選第一任總統時，民眾相信馬英九的人品、操守、與權力節制。大家沒有認清：民主政治有它內在的衰敗機制。不給別人紅蘿蔔，不用棍子制服對手，一己之「正派」敵不過四周之「黨（擋）派」，政策之「美意」勝不過民意代表及利益團體串連之「生意」。在意識型態及各種勢力相互糾纏利用掩護下，馬政府施政陷入困境，幸有最重要的政績——「和平紅利」的出現。

馬總統在最棘手的兩岸問題上，選擇了一條正確的道路——兩岸和平。歷史會記載：馬英九總統（二〇〇八～二〇一六），是百年來構建和平、開拓紅利、已見實效的政治領袖。

大陸是台灣經濟的墊腳石

二〇〇八年五月馬英九接任總統以來，兩岸關係在「九二共識，一中各表」的默契下，台海烽火進入前所未有風平浪靜。但是從經濟發展的策略來看，兩岸融合的廣度與速度，厚度與力度，在台獨意識或明或暗地牽制及反對下，仍是遠遠不足的；這就造成了國民黨執政時代領導人沒有膽識，搭上一九八〇年代以後大陸這班快速的成長列車；這就阻擋了台灣經濟的脫胎換骨。昨日決策之延誤，造成了今日台灣經濟之困局。

討論總統候選人的兩岸政策，當然是總統大選中嚴肅的政策問題；一旦處理不當，就會產生台灣的不安和兩岸關係的惡化。解決兩岸政治僵局的重要目的，除了和平大業，還是要理順兩岸經貿、教育、文化、科技、環保等領域的共同發展與整合，其中值得討論的一個主題是：「台灣經濟」如何面對「大陸市場」？我的看法：要把大陸市場看成墊腳石，不是絆腳石。

隨著大陸經濟水漲船高

「馬習會」中，習近平明確表示：「我們願意與台灣同胞分享大陸發展機遇，兩岸可以加強宏觀政策互通，發揮各自優勢，拓展經濟合作空間，做大共同利益蛋糕，增強兩岸同胞的受益面和獲得感。」習近平在「馬習會」中表示歡迎台灣同胞參與一帶一路建設，並以適當方式加入亞投行。

曾經是國民黨總統參選人洪秀柱表示過，兩岸問題是台灣未來的「重中之重」。面對大陸免驚，「我們可以站在他們的肩膀上乘勢而起，他們水漲，我們船高。」但必須指出：唯有我們領導人有意願，能與對方構建互信與合作，所漲之水，不會船淹，而會船高。

政治家要以人民福祉為重，選擇走對的路，為下一代開闢大舞台；政客不能再在恐懼與猶豫中，錯失良機，陷後代子孫於困頓之中。

二〇一四世界GDP排名的訊息

根據IMF及相關經濟體提供資料，從左頁表1中，可以看清當前各國

表1：2014世界GDP排名（億美元）

排名	經濟體	GDP（億美元）
1	美國	174,189.25
2	中國	103,605.7
3	日本	46,163.35
4	德國	38,595.47
5	英國	29,451.46
6	法國	28,468.89
7	巴西	23,530.25
8	義大利	21,479.52
9	印度	20,495.01
10	俄羅斯	18,574.61
11	加拿大	17,887.17
12	澳洲	14,441.89
13	韓國	14,169.49
14	西班牙	14,068.55
15	墨西哥	12,827.25
	廣東省	11,036.05
	江蘇省	10,595.87
	山東省	9,674.19
16	印度尼西亞*	8,886.48
17	荷蘭	8,663.54
18	土耳其	8,061.08
19	沙烏地阿拉伯	7,524.59
20	瑞士	7,120.5
	浙江省	6,536.68
21	奈及利亞	5,736.52
22	瑞典	5,701.37
	河南省	5,687.86

排名	經濟體	GDP（億美元）
23	波蘭	5,466.44
24	阿根廷	5,401.64
25	比利時	5,346.72
26	中華民國台灣	5,295.5
27	挪威	5,002.44
	河北省	4,789.53
	遼寧省	4,660.18
	四川省	4,645.55
	湖北省	4,455.14
	湖南省	4,403.28
28	奧地利	4,371.23
29	伊朗	4,041.32
30	阿聯	4,016.47
	福建省	3,916.1
31	哥倫比亞	3,849.01
	上海市	3,835.54
32	泰國*	3,738.04
33	南非	3,500.82
	北京市	3,472.49
34	丹麥	3,408.06
35	馬來西亞*	3,269.33
36	新加坡*	3,080.51
37	以色列	3,037.71
	香港	2,896.28
38	埃及	2,864.35
39	菲律賓*	2,849.27
40	芬蘭	2,711.65

資料來源：國際貨幣基金組織、中華人民共和國國家統計局。

註1：世界GDP總和為773.019.58億美元；歐盟GDP總額為184,953.49億美元。

註2：中國GDP總值超過158個國家GDP總和，亦高於東協十國（＊）再加上日、韓、印度等國GDP總和。

經濟實力。讓我指出幾項，供讀者參閱。讀者也可以隨自己需要，做出各種排列組合的比較。研究統計的西方學者提醒：數字不騙人，騙人者玩弄數字（Figures don't lie, liers figure）。

在四十個經濟體中，除中國之外，還有十四個屬於中國的。其中有十一個省，二個市（上海及北京），及一個特區（香港）。在十一個省中，如以廣東、江蘇、山東來比較，每一省之GDP居然相當排名十五的墨西哥，亦即高於十六名以後任何經濟體。

（一）中華民國（台灣）排名二十六，大陸有五個省，其中每一個省（如廣東、江蘇）的GDP超越台灣。

（二）廣東與浙江二省的GDP相當於俄羅斯。

（三）廣東、江蘇、山東三省GDP的總和全球排名第五，略高於英國或法國。

（四）上海市相當於排名三十一的哥倫比亞，其GDP居然高於泰國、馬來西亞、新加坡、菲律賓等任何一國。

（五）中國GDP總值高於東協十國加上日、韓、印度等國GDP總和。

對台灣而言，大陸這樣龐大的市場與商機，兩岸關係好就會水漲船高；否則就可能水高船淹。

正如馬先生在閉門會談中告訴習先生：七年多來兩岸簽訂了二十三項協議，創造了四萬多學生交流，每年八百萬旅客往來與一千七百多億美元貿易的榮景。這些重大改變的基礎都在於「和平」。

需要一提的是：一九九〇年代中期在台灣還出現大陸經濟「崩潰論」與「成長論」的辯論。李前總統是悲觀的前者，他的日本好友大前研一是樂觀的後者。後來二人漸行漸遠，「戒急用忍」證明其錯誤。

大陸經濟今後要轉為「新常態」（七％左右），過去的高速成長（八％以上），以後是「做不到、受不了、沒必要」。《經濟學人》指出：「全球大老闆們要調適放慢的中國經濟。」

當前雖然台灣經濟陷入困境，但仍有老本與蓄勢待發的民間生命力（活力＋財力）。英國《經濟學人》「二〇一六世界預測」專刊中，台灣的人均所得為兩萬一千六百八十美元，但經過國際評價指數（ＰＰＰ）折算，就高達四萬五千六百四十美元，全球排名十四。調整後的台灣個人所得比加、英、法、日、韓等國都高。大陸排名五十二，人均PPP為一萬五千四百四十美元。

沒有和平，五大皆空

自己研習經濟發展這個題目超過半世紀。總結這些年的教學研究與各國觀察，我認為中華民國發展的優先次序應當是：

（一）和平：沒有和平，一切落空。

（二）開放：沒有開放，一切空轉。

（三）經濟：沒有經濟，一切空談。

（四）教育：沒有教育，一切空白。

（五）文明：沒有文明，一切空洞。

環繞馬習會的核心談話，就是馬先生強調的：「海峽兩岸已大聲向全世界宣示鞏固台海和平的決心，以及促進區域和平訊息。」習先生指出的「堅持九二共識，鞏固共同政治基礎，堅定走向兩岸和平發展道路，保持兩岸關係發展正確方向，深化兩岸交流合作，增進兩岸同胞福祉。」

沒有和平，台灣就變成「五大皆空」。

二〇一六年五月

33

星雲之道：分享大師的一生貢獻

「星雲之道」，是指大師拓展人間佛教的「道路」；
是指推廣人間佛教的「道理」。
它的道路無限寬廣，人人可以學習；
它的道理無所不在，人人可以實踐。

無限寬廣的道理與道路

一九八九年的春天，《遠見》雜誌邀請剛從大陸第一次訪問歸來的大師，在台北做一場公開演講。千餘人的演講廳出現擠不進去的幾百位聽眾。這是前所未見的場面，第一次感受到大師的群眾魅力。

那次的相識，自此帶來近二十年深厚的友誼，使我深刻地感受到了大師的言教與身教，那是我一生的幸運。他出口成章、下筆如飛、記性特好、故事萬千、事事捨得、時時慈悲、知己滿天下。創設的道場已逾三百，著述的書已過三百種，所得的榮譽博士已過三十。以每天投入的工作時間，大師已活過三百歲。

我不是佛教徒，唯一的男孩在美國出生成長，是在美國與加拿大傳教的一個基督教牧師。

半世紀以來，在海內外我從未遇到一位像大師那麼地熱心、正直；那麼地捨得、慈悲；那麼地不計較、肯付出；但又那麼堅強地擁有生命力、執行力、說服力；在推動人間佛教的道路上，既能曲直向前，更能勇往直前。

在歷史的長河中，幾個世代都不容易出現這樣一位偉大人物。他竟然是來自揚子江邊的一個貧困家庭，沒有唸完小學，十二歲出家，一九四九年到台灣時二十三歲；不諳台語，身無分文。

放在宗教的世界地圖上，大師是世界級宗教家；放在華人佛教徒的天秤上，他又是和尚中的大和尚；放在中華文化中，他是君子中的君子。

與大師交往，心中就一直把大師視為「君子」的最高座標；向他學習，向他請益。每一次的接觸——不論是見面、電話，或透過報紙、書籍、電視——總產生自己要不斷提升的內在動力：行為上更捨得、理念上更開放、文化歷史上更尋根。

二十餘年來的相識中，曾寫了三十多篇與大師相關的講稿、文章、序文、書評。在大師九十華誕前夕，自己整理成書，表達對大師的敬意。

取書名為《星雲之道》，意在表達大師一生對人間佛教提倡的思路、海內外拓展的艱辛歷程、與時俱進的的推動方法，以及在全球產生的深遠影響。

我儘量用簡明的列舉方式，歸納出幾個重要面向，增加讀者可以概括地了解大師一生的貢獻。

跨越與超越

大師對於傳統佛教的陋習勇於改革，使佛教能夠擺脫守舊、落伍，進而「與時俱進」、與眾不同、貼近生活、見人所未見、做人所不能做、不敢做。這正就是二十年前廣受推崇的《藍海策略》英文版一書中創導的「價值創新」。是這些做法提升了人間佛教的競爭力與差異性，這也就是台灣社會價值沉淪與迷惑之中，人間佛教受到肯定的主要原因。

這些想法與做法的源頭來自星雲大師。我不斷思考：是這位宗教領袖的哪些才能，使他成為推動「人間佛教」的關鍵推手？我的觀察是大師擁有四項才能：

（一）敏銳的洞察力。

（二）強烈的說服力。

（三）堅毅的執行力。

（四）巨大的擴散力。

這四項領導才能與多年前我對大師的了解，可以前後呼應。當時我描述大師是：

- 一位果斷的、身體力行的宗教改革家。
- 一位慈悲的、普及佛理的創意大師。
- 一位博愛的、提倡知識的教育家。

推動人間佛教的「心法」

大師以其一身言行，做到了「捨才有得」、「我不會命令，只會慈悲」、以「出世的精神做入世的事業」、「給人利用，才有價值」。大師常說的十句片語，正表達了「星雲之心」的十個「心法」：

- 你中有我，我中有你。（命運共同體）
- 以無為有，不據為己有。（無欲則剛）
- 大眾第一，自己第二；信徒第一，自己第二。（老二哲學）
- 你對我錯、你大我小、你有我無、你樂我苦。（包容、謙卑）
- 做難做之事，處難處之人。（接受挑戰）
- 有情有義，皆大歡喜。（追求雙贏）

- 我不懂管理，只懂人心。（以心帶人）
- 跟別人結緣，只有真誠的心。（以心交友）
- 不看我的字，看我的心。（以心寫字）
- 我有一點慈善心及一顆中國心。（以心為本）

星雲大師的特質

- 比企業家與政治人物更能贏得人心。
- 富豪有錢，大師有心。
- 大師一生在累積及散發無形財富。
- 「無形」（如慈悲）財富比「有形」（如金銀）財富更重要。
- 給別人無形財富比給有形財富更持久。
- 無形財富（如慈悲）用不完，有形財富（如金錢）用完就消失。
- 全年無休，終身義工。
- 走的是一條智慧的路、奉獻的路、人間佛教的路。

人間佛教的普及價值

（一）既受信眾歡迎，又受各界尊敬。
（二）既貼近人生，又深化信仰。
（三）既可親近，又可實行。
（四）既有一時之效（像特效藥），更有持久擴散效果（像補藥）。
（五）既是言教，又是身教。
（六）既是文教，又是佛教。
（七）既增進台灣自信，又促進大陸誠信。
（八）既深入華人社會，又遍及西方世界。

這就是大師所產生的難以置信的綜效，人人可以在人間佛教的藍圖中學習、成長、應用。這八項普及價值可以簡稱為「星雲價值」。

大師是「九合一」的智者

第一面向「佛教」走向「人間」：

1. A Dreamer　夢想家（想到別人「不敢做的」）
2. A Thinker　思想家（想到別人「沒有想到的」）
3. A Planner　策劃家（有佛法，就有辦法）

第二面向有佛法就有辦法：

4. A Doer　實踐家（說到就要做到）
5. A Speaker　演說家（以語言分享人間佛教）
6. A Writer　大作家（以文字分享慈悲與智慧）

第三面向　全方位的實踐與示範：

7. A Giver　付出者（捨才能得）
8. A Connector　連結者（信徒與友人滿天下）
9. A Traveler　地球人（天涯若比鄰）

大師的智慧高，但不是高不可攀；大師的道理深，但不是深不可測；大師的囑咐多，但不是多得無所適從。

大師的成就，不是來於機運；他的志業，不限於宗教；他的影響，更不限於台灣。大師的貢獻早已跨越宗教，超越台灣，飛越時空。

大師的核心力量就是慈悲和智慧。因此大師所到之處，就激起了浪花，掀起了風潮，引發了熱情，創造了人間佛教改善人心的無限價值。

他是屬於海內外全體華人的，他也是屬於全人類的。

一九四九年一位二十三歲法名「悟徹」的揚州人，來到台灣，但腦無雜念，心無二用，花了超越半世紀的心力，開拓了無遠弗屆的人間佛教。「千山我獨行，身影遍四海！」這或許就是大師謙和與無所不在的縮影。

二〇一六年十一月

34 孫震：「書人合一」的君子與學者

「天人合一」是追求永續發展的高超境界；
「書人合一」是我想出來的名詞，
指知識份子另一種貢獻社會的無私境界：
寫好書是學者，做人正是君子，學者與君子合一，就是書人合一；
反映在社會上，即是言行一致，表裡如一。

「書人合一」的君子與學者

在我們經濟學界，很難找到像孫教授這樣學貫中外古今的人；也找不到有這樣豐富公職生涯的人；更不易找到像他這樣誠信、謙和、嚴以律己、寬以待人、不居功、不爭名的人。

如果中華大地上還有君子，孫教授就是這樣一位難得的君子。

十多年前公職卸任後，孫教授不斷把半世紀以來累積的知識、經驗、觀察、思維，寫成經濟專著與較廣泛的文化、企業倫理、社會責任、高等教育的論述。我自己得益的書，就包括了他近七年來寫的六本書：

- 《寧靜致遠的舵手：孫震校長口述歷史》（二〇一三）
- 《世界經濟走向何方？點亮儒學的明燈！》（二〇一三）
- 《現代經濟成長與傳統儒學》（二〇一一）
- 《企業倫理與企業社會責任》（二〇〇九）
- 《人生的探索與選擇》（二〇〇七）
- 《台灣高等教育發展的方向》（二〇〇七）

- 《理當如此》（二〇〇四）
- 《邁向富而好禮的社會》（一九八四）
- 《成長與穩定的奧祕》（一九八三）

我佩服孫教授的博學與深思；因此提出的多種論點及長期看法就不會偏頗，就產生了長期存在的價值及影響力。近年來他又寫了六本書，涵蓋回憶錄、經濟論述、儒學思想、教育使命等，為華文世界提供他的經驗與哲思。

凡事盡心　心更寬闊

我多次在公開場合及文字中，告訴大家：孫教授生於那憂患的年代，憑藉自己的才識與操守，擁有過學術權威（台大校長）、軍方顯赫（國防部長）、首長名位（行政院政務委員）、科學領導（工研院董事長）的多重光環，但他從不誤用；在大時代、大風浪、大染缸中，堅守大是大非，公正不阿，做了自己良知領航的大學者。這位淡淡憂思、謙謙君子，在追求學術真理與社會正義的過程中，沒有懈怠過，也沒有改變過。歸納來說：這位學人做事有人格局、做人有大包容、做學問有大思路。

即使在他擔任公職期間，不論多忙，只要是他接受的演講與答應的文章，都出自他自身的構思與手筆。正是這樣的終身研讀與著述，卸任公職之後，他擁有了更寬廣的天空。

以「無官一身輕」的灑脫，再回到學術界。當再被稱為「孫教授」時，他變成了一位「自由人」——教書、演講、寫專欄、出國旅行，回到山東老家尋根。他的笑容增多了，評論的範圍放寬了，著述的生產力更是增加了，影響力更擴散了。

與孫教授相識三十多年中，時時感受到他擁有的三個鮮明對比：從不炫耀自己，從不吝嗇稱讚別人；有不與人爭的氣度，有據理力爭的性格；個性或拘謹，思路則豪邁。

每次讀完孫教授的書，都會想到，如果年輕一代能認真閱讀他的書，一定會激發自己要力爭上游的熱情。因此我常說孫教授是對台灣有貢獻的大學者。

二〇一七年六月更新

35

鄭崇華：第一位「君子企業家」

君子企業家光明磊落，不需結黨營私；
他們靠專業，不需靠關係；
他們靠市場競爭，不需靠政治勢力。

提出「君子企業家」

經濟的繁榮與科技的應用，需要企業家；文明的進步與社會的和諧，需要君子風範的普及與大家的推崇。因此我對「君子」與「企業家」特別地嚮往與尊敬。

當前的台灣，既少君子，也少大企業家。

回顧中華文化，其精髓就是要做君子。余秋雨教授指出：「幾千年來中國文化沒有衰敗消失的最終原因是『君子未死，人格未潰』」；並進一步指出：「儒家對後世的遺囑是做君子，不做小人」；引伸來說，更不能做政客，也不能做麻煩製造者。

君子與學者結合，如上文的孫震校長已很難得；君子與企業家連結，更是難得。「君子企業家」這個新概念是一個高層次的組合。社會上有一些君子，可能是社會清流，不是企業家；社會上同時會有較多的企業家，更不一定是君子。

君子的特質

當君子的特質展現在企業家身上時，他們會比「社會」企業家更懂得經營企業，會比「良心」企業家更能發揮社會責任。

什麼是「君子」的特質？與企業結合時，重要的幾項是：

- 利人、利他、利天下。
- 求人和、世和、心和。
- 與人為善、沒有嫉妒，自我突破。
- 成人之美、沒有貶損，樂見其成。
- 不走極端、不會硬拗、不在炫耀。

君子的對面是小人。小人在暗處做分裂鬥爭；在明處用花言巧語。君子不與小人為伍。

君子企業家光明磊落，不需結黨營私；他們靠專業，不需靠關係；他們靠市場競爭，不需靠政治勢力。他們嚮往的是：法治的透明與公平，政策的遠見與穩定。

如果社會有很多君子，當然就不會到處出現麻煩製造者。

當前台灣社會的困境是：缺水、缺電、缺地；缺自信、缺共識、缺效率；當然更缺君子企業家。

當前君子難求

在台灣人才外流的一九六〇～七〇年代，政府首長常說：「台灣缺資源、缺技術、缺資金、缺市場；最缺的還是人才。」

二十一世紀初，普遍的感覺是：「台灣最缺的不僅是人才，更是『人品』」。

沒有人，不能做事；沒有人才，不能做大事；沒有人品，不論做小事大事，都會壞事。「你做事，我放心」的前提是這個人要有人品。

新加坡的前總理李光耀對人才有嚴格的要求。除了教育程度、分析能力、實事求是、領導力、衝勁，「最重要的還是他的品德與動機，因為愈是聰明的人，對社會造成的損害可能愈大。」

儘管半世紀以來台灣在力爭上游，但到處仍是缺少「品」的例子。產品與服務缺少「品質」，消費者缺少「品味」，政商人物缺少「品格」。

「品格」是指：做事有原則；做人有誠信；態度上不爭、不貪，不獻媚；品德上有格、有節、有分寸。擁有這些「品格」的人，正就是泛稱的「君子」。當「人品」喪失時，「人才」就淪於「小人」，小人一旦當道，惡性循環就從此開始。

台達創辦人鄭崇華是第一人選

當自己決定提出「君子企業家」要尋找實例時，就立刻想到了一個名字。他的品德、事業、海內外的貢獻，如排山倒海般地在我腦中湧現。

我心目中第一位的「君子企業家」是台達電子創辦人鄭崇華先生。在他著述的《實在的力量》一書中，我有這樣的形容：「鄭先生的創業歷程，完全符合大經濟學家熊彼德所倡導『企業家精神』的經典定義。它是指創業者具有發掘商機與承擔風險的膽識，以及擁有組織與經營的本領。」走在時代潮流前面的他，還擁有另一個現代社會抱負：以君子風範，承擔企業社會責任；走出台灣，向世界示範。

《遠見》企業社會責任（CSR）調查舉辦十二屆以來，台達已累積十四座獎牌，創下無人能超越的高標。有趣的是，獎項設立前五年，由於台達電連續三次獲得首獎，評審委員會只好把台達電晉升為「榮譽榜」，委婉說明：暫停三年申請。

不只是台灣企業的「高標」，台達集團近五年還連續入選「道瓊永續指數」之「世界指數」，且總體評分為全球電子設備產業之首。

其中，「綠建築」正是台達過去十年積極深耕的領域之一。鄭創辦人要求集團旗下所有廠房都必須是綠建築，過去十年，已打造九棟綠建築，遍及台灣、中國大陸、印度及美國。捐贈許多教學型的綠建築，包括成大綠色魔法學校、成大南科研發中心、清華大學台達館、中央大學國鼎光電大樓等。

台達集團還勇敢而自信地擔任全球「示範者」：讓世界看見台灣在環境議題上的成績。在巴黎氣候峰會（COP 21）上，以十年打造二十一棟綠建築經驗，參與聯合國主會場舉辦的「Solution COP21」展會，成為有史以來曝光率最高的台灣團隊。

二〇一六年九月又有新著聞世：《跟著台達蓋出綠建築》，記錄了輝煌的

「綠歷程」。

在世界動盪中，鄭崇華這位「君子」，再次證實，只要堅持夢想、專注付出、做對有價值的事，「企業家」就能成為人類正向發展的動力。

讓這位君子企業家的光輝照耀海內外。

二〇一六年十一月

36

蔡長海：醫療和教育志業的巨人

蔡創辦人的四大貢獻：
改善了病者的就醫環境，改善了學生的學習環境，
改良了醫師的定義，改良了教育的定義。
這也是他堅持「創新改變、追求卓越」的具體成就。

兩所卓越大學及醫院

在我多年來所提倡的「新讀書主義」中有二句話：「自己再忙也要讀書、交情再淺也要送書。」最近又提倡：「閱讀救自己」。

我自己認識蔡創辦人是透過一本書的緣份。前幾年我們出版了《大學教了沒？哈佛校長提出的八門課》，蔡創辦人讀到這本書，覺得對台灣的高等教育有極大的啟發，決定大量送贈給教授、學生與圖書館。這種慷慨的捐贈與分享，極為罕見，也因此而相識。

五年前我推薦天下文化出版的一本好書：《改變成功的定義：白袍CEO蔡長海的利他願景學》。從書中，我們可以真正學習到什麼才是「成功」的定義與力量。

這位受人愛戴的醫師，是靠自己的努力，堅持、專業以及對社會的奉獻，獲得了他主持中國醫藥大學、亞洲大學與兩所醫院的成就。逾半世紀的中國醫藥大學已進入世界頂尖大學；創辦十六年的亞洲大學選為全球最年輕的「五個百大」大學，二〇一六年八月亞洲大學在霧峰蓋設的附屬醫院順利開幕，又創下了「不可能完成」的紀錄。

二〇一三年落成由安藤忠雄設計的「亞洲大學現代美術館」，已具國際聲譽，並與哈佛、牛津、劍橋等一流大學的美術館合作結盟。參與創建美術館及結盟的劉育東教授內心一直佩服蔡創辦人的氣魄及決心：要把建築、藝術、人文等精神融入大學，使大學具有國際的水準。

蔡創辦人近年來又邀請獲普立茲克獎的建築大師法蘭克．蓋瑞（Frank Gehry）在台中水湳區規劃全球「健康產品研發與展示中心」。

創造「亞大奇蹟」的另一位功臣，是亞大校長蔡進發博士。這位美國西北大學電機工程與電腦科學博士，任教伊利諾大學多年，獲選為三個國際學會的院士。在他及亞大師生全心投入下，已經獲得不少國內外優秀的評比。辦學成就已名列世界級五個百大，學術研發名列私校前茅，學生參與國際競賽屢屢獲獎。這是台灣特別是中部地區的驕傲。自己是五十年前在中興大學畢業，現在看到後起之秀的急起直追，令人興奮。

前衛生署長葉金川是這樣形容他所認識的蔡創辦人，「外表溫文儒雅，卻有強烈的企圖心；引領中國醫藥大學暨附設醫院以及亞洲大學向上提升，並且廣伸觸角，讓偏遠地區的居民也能接受醫療服務。

正是這些綜合的成就，四年前《遠見》雜誌在華人企業領袖高峰會中，頒贈蔡創辦人「傑出領袖獎」，現場三百餘位來自世界各地的企業領袖報以熱烈掌聲。

中國醫藥獲得國際肯定

二〇一五年諾貝爾醫學獎首次頒贈給中國。獲得此一榮耀的是一位八十五歲的女科學家屠呦呦。這位被譽為「五無」的科學家：未留學、非博士、非院士、不會英語、未在國際重要期刊發表過論文；但是她研發成功的「青蒿素聯合療法」，是治療瘧疾的首選用藥，在全球三十多個國家挽救了七百多萬的患者生命，多數為五歲以下兒童。

蔡創辦人在《屠呦呦傳》（天下文化二〇一六）的推薦序中寫下這一段令人振奮的話：

屠呦呦的獲獎，除了她與團隊的努力被肯定之外，也是中醫藥走向世界舞台的一個榮譽，同時，也向國際醫學界表明中醫藥對維護人類的健康的深刻意義。對於全世界研究中醫藥的人來說，具有非常大的鼓舞作用，深富傳承與教育的意義。

這也間接證明蔡創辦人當年接辦中國醫藥學院的遠見。

蔡創辦人的四項特質

讀完《改變成功的定義》這本書，蔡創辦人的四項特質躍然紙上：

- 他擁有嘉義漁港小村堅毅奮鬥的精神。
- 他發揮了台灣民間所蘊藏的熱情。
- 他展現了現代醫學的專業素養與人文精神。
- 他結合了一個成功CEO所擁有的執行力、競爭力、以及藍海策略。

他把醫學、教育、人文、公益綴連成了我所形容的「蔡長海價值鏈」（Dr. Tsai's Value Chain）。

更進一步說，蔡創辦人已做出了四大貢獻：改善了病者的就醫環境，改善了學生的學習環境，改良了醫師的定義，改良了教育的定義。這也是他堅持「創新改變、追求卓越」的具體成就。

最後他改變了「成功」的定義。「成功」不再是世俗的榮華富貴，不再是功成名就，而是不斷的鞭策自己，提升願景，與社會共同分享與成長。

二〇一七年六月更新

37

馬玉山：「誠信」是「冠德」建築的基石

年輕的創業者不要只看到別人的事業版圖，忽略了最核心的決策思維：誠信。

如果讀者在想：誰是馬玉山先生？看了《築冠以德——馬玉山的奮鬥故事》這本書（天下文化，二〇一五），你就會發現：自己真有些孤陋寡聞，民間有這樣傑出的典範，怎麼沒有留心？

這是一本感人的傳記。讀完這本書，最大的收穫應該是：「誠信」真的是人生最好的座右銘。他一生以「誠信」貫穿他的為人、處世、立家、交友、以及拓展事業。他克服了艱苦的童年，經歷過嚴格的軍旅生涯，接受了轉業與創業的奮鬥。他早已從營建業的「模範生」，變成「標竿企業」，進而成為備受尊敬的企業領袖。

人生三部曲：童年、軍旅、商界

馬玉山一九三六年出生於山東平度，就立刻被抗日戰爭家破人散的戰亂吞噬。他十四歲隻身隨軍隊來台，再也沒見過家鄉親人。他引用《大江大海》的一句話：「上了船，就是一生。」我要痛苦地補上一句：「打了仗，就是永別。」因此在二〇一五年五月十日總統府前廣場上慶祝母親節與佛誕節時，面對多位在場的政治領袖，我突然講出：「送給母親最好的禮物就是和平。」我欣賞美國的民主開放，但不能原諒它參與越南、阿富汗、伊拉克等地的戰爭，所帶來的家破人亡。

一九五三年，馬玉山十七歲進入陸軍官校，立志要做「將軍」。他在官校成績優異名列前茅，受到長官器重；並且遴選赴美砲兵飛彈學校受訓。隨著長官轉調台北市警務處處長，帶他去擔任機要助理。後來發現，這是公務員，不是軍職，一九六四年從軍中退伍，就這樣竟然錯失了「將軍夢」。因緣際會進入商界，服務於嘉新水泥，學習到前所不熟悉的經營才能。

以誠信創設事業

一九七九年，馬玉山四十三歲，正是猛虎出柙，獨創事業的成熟時刻。戰亂中他學到了「求生」，逃難中他學到了「磨練」，軍旅中他學到了「紀律」與「使命」，他更從企業界學到了「經營」與「創業」，更自一九六六年結婚娶得了一位美麗與賢淑的台灣姑娘。

三十五年前，他以一百萬台幣創辦了「冠德實業」，這是他個人與社會雙贏的開始。先做建材，後做建築，再進而建設，一幢又一幢的冠德大廈及搶購潮出現。他一路走來，「誠信」是他個人的原則，也是冠德的商標。

在當前台灣政商大環境中，講誠信者太少。為了權利與財富，誠與信兩者皆可拋；這真是個人的悲劇。年輕的創業者不要只看到別人的是事業版圖，忽略了最核心的決策思維：誠信。傳主「誠信」的大小例子散見在本書。

我的一位親戚二十多年前在木柵買了冠德大廈中的一戶，到今天還稱讚它們的「永久售後服務」。另有二位朋友住進有圖書館的冠德大廈說：他們孩子最喜歡的地方，就是樓下有幾千冊藏書的寬敞亮麗的圖書館。一個動人的故事，就是一位因喜愛圖書館的高中生洪瑀而能去ＭＩＴ深造，因為品學兼優，ＭＩＴ把一顆行星以她為名（參閱《星星女孩遇見ＭＩＴ》）。冠德玉山教育基金會近年大力推廣閱讀及文化活動，已有可觀的成績。

「冠德」三十餘年來能夠在良莠不齊的營建業中，建立擁有千人以上的公司，大家稱道的聲譽，當然得來不易。這完全要歸功於創辦人對顧客滿意及品質要求的高標準執行。在節省成本與堅持承諾的天秤上，馬玉山永遠只有「誠信」這個選項。

二〇一五年八月

38

郝柏村：找回抗戰歷史真相

八年抗戰是攸關中華民族生死存亡的聖戰，
構築這長城的總工程師，是蔣委員長。
這就是八年抗戰的歷史真相。
老兵不死，精神永在，要向郝柏村將軍及那一代的將士們致敬。

生死存亡的中日抗戰

二〇一五年是中日抗戰勝利（一九四五）七十週年；這篇短文環繞中日抗戰、南京大屠殺及郝將軍二〇一四年重返抗日戰場。

「八年抗戰是攸關中華民族生死存亡的聖戰，不是為哪一個政黨成敗而戰。」這二句話重要的話出現在《郝柏村解讀蔣公八年抗戰日記》一書中。

中日抗戰一九三七年七月七日，至一九四五年八月十五日，共兩千五百九十四天；戰場從北到南，從東到西，各為三千公里以上。從都市的大街小巷，到鄉村的田間河畔，都瀰漫著抗戰歌聲：「槍在我的肩膀，血在我的胸膛……亡國的條件絕不能接受，中國的領土一寸也不能失守……把我們的血肉築成我們新的長城……」這萬里血肉長城，是四億五千萬人的淚水，和一千萬人的血肉所築成的。郝柏村說：「構築這長城的總工程師，是蔣委員長。這就是八年抗戰的歷史真相。」

南京大屠殺

我在「大屠殺」的前一年（一九三六），生於南京。在災難的三個月前，我們一家搬到了蘇州，逃過一劫。但是雙親常提及受難的親友及鄰居。因此，我至少是「半個」受難人，如何看待歷史上的災難？

諾貝爾和平獎得主維厄瑟爾（Elie Wiesel），曾是納粹集中營中的小囚犯，一再警告：「遺忘大屠殺，就是二次屠殺。」他被譽為「猶太良知」。

一九三七年十二月南京被佔領以後的六週之中，日本軍人展開了慘絕人寰的大屠殺，遭到集體射殺的約有十九萬多名，分散屠殺的約有十五萬多名。日軍屠殺的殘酷難以形容：除集體掃射，有砍頭、劈腦、刀戮、穿胸、刺腹、斷肢、碎屍、活埋、淹死、凍死、餓死；日軍並至少強暴我國婦女二萬餘人。

華裔作者張純如（一九六八—二〇〇四），在《被遺忘的大屠殺》（二〇〇七年天下文化）一書中，寫著：「即使面對證據鐵證如山，許多日本著名政客仍拒絕承認有南京大屠殺這回事。」戰敗的德國，承認屠殺猶太人；戰敗的日本，卻仍然企圖集體否認。我不贊成以牙還牙的報復；但必須要從歷史中擷取教訓。

重返抗日戰場

兩岸開放以來，郝將軍一直有個心願，就是重返抗日戰場。他於二〇一四年走訪位於華北、華中、華南的抗戰戰場，包括蘆溝橋、花園口、石牌、長沙、崑崙關、滇緬邊境等地，身歷其境的敘述重大戰役與戰地，並且詮釋了抗戰對中華民族存亡的意義。因為戰勝日本，台灣才得以回歸祖國（一八九五－一九四五）；又因國共內戰，中國人的命運再經歷了無情的翻動。

在《郝柏村重返抗日戰場》（天下文化）書中，讀者隨著這位「抗戰老兵」，讀完這趟橫跨半個中國的戰場巡禮，不只是緬懷過去，更是還原歷史的真相。此刻年輕一代，經過半世紀的沈澱，可以重新沈思這段可悲可泣的抗戰史，感受這屬於中華民族的悲壯勝利。

吾道不寡，對於中日抗戰的真相，現在已有西方著名學者如牛津大學現代史教授芮納・米德（Rana Mitter），在《被遺忘的盟友》（二〇一四天下文化）新著中以六百餘頁「揭開你所不知道的八年抗戰」。齊邦媛教授讀後的評論是：「這本書簡直是我的知音。……我所記得中國人最有骨氣的時候，終於有西方權威學者寫出了當時中國真正發生的事情，給我們歷史的公道。」

麥克阿瑟將軍說過的「老兵不死，慢慢凋萎。」傳誦一代又一代。此刻我要以「老兵不死，精神永在」向郝柏村將軍及那一時代的將士們致敬。

二〇一五年七月

39

蔣經國：深耕台灣

沒有他的全心投入，就不可能有台灣的經濟奇蹟；
沒有他晚年解嚴黨禁、報禁、探親等的開放，
台灣也就難以出現「寧靜的革命」。

在經國先生百歲冥誕前夕，曾經晚年晨夕追隨他十六年的總統府副秘書長張祖詒先生，也是鮮為人知的重要政策文稿的執筆者，記述了他的近距離觀察，發表了這本彌足珍貴的回憶紀錄《蔣經國晚年身影》。

作者在卷首語中就指出：「書中所述句句真實，沒有假話。」從這本高度可讀性的第一手解讀中，讀者可以清晰地理解與體會那個年代經國先生的治國理念、施政作為、行事風格、品節操持、個性傾向、生活點滴甚至內心世界。

台灣在經濟發展與民主發展過程中，經國先生都扮演了最關鍵的角色。沒有他的全心投入，就不可能有台灣的經濟奇蹟；沒有他晚年解嚴黨禁、報禁、探親等的開放，台灣也就難以出現「寧靜的革命」。

在當前全球經濟大衰退之際，重溫蔣經國時代的十八年總體經濟指標，從一九六九接任行政院副院長兼任經合會主委起，到一九八七年底，那真是台灣經濟起飛的黃金時代：

- 每人所得上升近十九倍。
- 平均失業率一．七％。
- 平均出口成長率二十六％。

- 平均工業生產成長率十二．二%。
- 平均生產毛額上升率九．〇%。

在這一年代，雖然我在美國執教，但暑假常回來追隨李國鼎先生做相關政策研究，我有感而發地提倡過「天下那有白吃的午餐」與「決策錯誤比貪污更可怕」二個觀念。前者指出：政府應逐漸減少褓母保護的心態，發揮人民與企業自求多福的生命力；後者指出：「廉潔重要，決策正確更為重要。」

這關鍵的年代，正是張祖詒追隨國經國先生的年代。從他的觀察分析中，我們更瞭解是經國先生的行事風格與貫徹決心，創造了他的輝煌政績：

- 任何改革必然循序漸進，謀定而後動。
- 推動改革，不怕得罪保守勢力的大老。
- 澄清吏治，整肅貪瀆，不惜開鍘顯貴。
- 偶有不悅，絕不意氣用事。
- 以理性平和的態度，讓人心悅誠服。
- 有改過的勇氣，從不諉過卸責。
- 生活儉樸，大公無私。食衣住行，簡單為上。
- 存善念，不說假話，唯民眾之利是圖。

• 為了深愛台灣，必須忍辱負重。
•「今日不做，明日會後悔」。
•「我也是台灣人」。

張祖詒以「一位真正的君子」歸結經國先生的晚年。書中第五章「典型在夙昔」中的第五節「如果」，將是關心台灣權力交替與台灣前途最值得參考的看法。作者提出了八個關鍵的「如果」。從「如果」當年不提李登輝做副總統，難道就沒有更佳人選？到最後一個「如果」：如果沒有蔣經國，台灣的政治和經濟能有今日這樣的基礎碼？

西方學者常認為：每一時代的歷史，都是那一代的英雄所寫的。集毀譽於一身的蔣經國，他在晚年對台灣發展的貢獻，是值得肯定的。這也是二〇〇七年十二月《聯合報》公佈「誰對台灣貢獻最大」的名次：蔣經國（五十％）、李登輝（十一％）、蔣介石（六％）、陳水扁（五％）。

我也要補上一個「如果」：如果沒有本書的問世，蔣經國晚年多采多姿、可敬可親的身影，將無法如此清晰地呈現在讀者眼前。

二〇〇九年九月

40

李國鼎：一位決策者的高貴靈魂

決策者的高貴靈魂，
才是國家進步的最好保證。

我們所敬重的李國鼎先生於二〇〇一年五月卅一日在台北逝世，享年九十二歲。

我的老師顧應昌院士在英文傳真中建議：「李博士的友人、同事及仰慕者，一定要想出最合適的方式，來紀念這位一生對台灣有傑出貢獻與成就的偉人。」

絕大多數人的貢獻，隨著時光隧道逐漸消失；只有極少數極少數的人，即使他們在世的時候，其貢獻因時代的見證就已經凸顯。

李氏正是這麼一個難得的的人物。他既是台灣經濟奇蹟的創造者之一，又是近二十年來推動資訊科技的功臣，更是提倡第六倫的先驅。他推動改革的領域還包括了教育體制、企業管理、醫療網、社區發展、都市規劃等等。因此，他對台灣的貢獻是繼往開來、歷久彌新。

在今天這個只想出名，不想出力；只想做秀、不想做事的年代，李氏一生的言行，豎立了一個從政者的典範——敢想、敢說、敢做、敢愛。

因為敢想，才能想得遠、想得深。因此李氏就不斷提出新觀念、新政策。因為敢說，才能說真話、說實話。因此李氏不斷的寫文章、做演講。

因為敢做，才能做得快、做得好。如果只敢想、敢說，而不敢做，那只是幻想和清談而已。李氏鍥而不捨地積極推動開創性，以及有時具有爭議性的政策（如加工出口區及第六倫）。

因為敢愛，才能由所信基督教的愛心出發，愛國家、愛社會、愛眾人。他在晚年時沉痛地說過：「我們的價值觀念愈來愈走向『貪』，愈來愈缺少『愛』。」

自從五十六歲（一九六六年）聖誕節受洗後，李氏寫過：「我的生活更有規律，神賜我智慧、勇氣、信心來應付與日俱增的問題。」

他更常常親筆抄錄《聖經》中〈哥林多前書〉第十三章中的幾節話送贈友人及後輩：

「愛是恆久忍耐，又有恩慈；愛是不嫉妒；愛是不自誇，不張狂，不作害羞的事，不求自己的益處，不輕易發怒，不計算人的惡，不喜歡不義，只喜歡真理；凡事包容，凡事相信，凡事盼望，凡事忍耐。」

李氏的「愛」特別包括了愛才、惜才與用才。在經濟與財政部長任內，不斷選送優秀同事出國深造。

一九八七年春天接受《遠見》雜誌專訪中，他特別提出：「我工作的機關沒有一個是我自己的人，從來不以鄉親、學誼、戚誼來考慮用人，主要的原則是用人、待人以公平為原則，一樣地給他機會，用人的長處，改善其短處。因此凡有能力的均可脫穎而出，沒有差別，這是我一生最愉快的事。」

很多位旅居在國外的我國專家或學者，常常只因為與李氏見面一次或一席談，就被他的使命感所感動，而決定回國投資、或擔任公職。郝柏村先生說得傳神：「李資政一輩子做的事，就是圖利他人。」

一九八五年李國鼎先生邀請到了張忠謀先生來台擔任工業技術研究院院長，參與科技研發。對當年李資政的遊說，張先生也直說：「沒有李國鼎，就沒有台積電。」

即使在過去還沒有「泛政治化」的時代，任何一位肯想、肯說、肯做的部長，一面會得到人民及輿論的讚揚，另一面也會受到一些批評。

一九八一年三月所提出的「第六倫」，就是受到責難的一個例子。他誠懇地提出在現代化過程中，「群己關係」建立的迫切。其切中時弊的論點可說石破天驚，立刻得到了普遍的共鳴，但也馬上引起一位黨國元老的公開批判：

「我國文化中只有五倫，哪有第六倫？」

李氏指出：「以五倫為特色的人際關係所表現的優點是親切、關懷，缺點則是偏私、髒亂；以群己關係為特色的人際關係的優點是公正、秩序，缺點則是冷淡、疏遠。五倫屬於私德的範圍，群己關係屬於公德的範圍。五倫的社會文化背景是經濟活動和社會結構簡單的傳統社會；第六倫的社會文化背景則是經濟活動和社會結構複雜的現代社會。」

李氏對台灣社會的熱愛反映在每一個他所鼓吹的觀念上。這位具有國際視野的資政，希望朝野共同努力，把ＲＯＣ（Republic of China），提升為文化大國（Republic of Culture），把ＭＩＴ（Made in Taiwan）「台灣製造」，換成永不沒落的「台灣奇蹟」（Miracle in Taiwan）。

在台灣不同的發展階段中，我曾先後提出過經濟人、社會人、文化人、科技人的理念，來反映社會對他們的殷切期望。

進入二十一世紀，我又在鼓吹「知識人」這個更廣義的理念。這個理念是要使「知識人」與當前大家提倡的「知識經濟」、「知識社會」、「知識世紀」、「知識時代」接軌。

我心目中的「知識人」要擁有三個條件：科技腦、人文心、中華情。

科技腦：是指他們的思維方式及工作態度就是不馬虎、不敷衍；相信事實、相信數據；「對」的就要堅持、「錯」的就要放棄；並且追求創新；更注重績效——目標既定，全力以赴。

人文心：「人文心」是「以人為本」。有益於人類的「科技」，能帶來財富、效率、秩序、進步；正如有益於人類的「人文」，會帶來自由、公平、哲思、福祉。具有「人文心」的，就會發揮高尚的風範、謙和的氣質、大愛的情操、以及人性中的無私。

「中華情」是包括了對中華歷史的認同，對中華文化的嚮往，對兩岸和平的追求，對兩岸雙贏的鼓吹。

當前的「中國結」千萬不可變成死結。因此，兩岸的底線絕不可以「中國人打中國人」；兩岸交流的起點一定要從「中國人幫中國人」開始。兩岸的中國人，只有以「中華情」來解「中國結」。

一九九三年六月李氏回到了離開了四十七年的故鄉與國土。在南京中央大學母校講經濟發展，在北京與朱鎔基先生談台灣經驗。一位北京朋友說：

「那次李朱近二小時的長談，對大陸經濟改革的幅度與速度有深遠的影響。」

我們放眼半世紀以來的政府首長與社會菁英，同時兼有這三者的，當推李氏為第一人。李氏實在是一位完美的「知識人」。

在「天下文化」出版的《工作與信仰》一書的自序中，李氏寫著：「我是一個平凡的人，來自平凡的家庭。我在小時直到中學二年，也讀書，也頑皮，大了一點知道怎樣努力——讀書努力，工作努力，同時工作中不斷在求知，這一個求知的鐘擺仍在不斷運轉中。

當我進入社會，不斷的繼續學以致用，我以基礎的科學知識，主動多方追求智識，解決問題。」

如果這一位完美的「知識人」，這樣自謙是「一個平凡的人」，那就給了我們每一位平凡人足夠的鼓舞——不斷求知，讓求知的鐘擺不斷的運轉。

對一位曾經早期走過台灣艱困貧窮時代的「經濟老兵」，按理說，在當前每人所得一萬四千美元時，應當充滿自信。但是當前泛政治化的瀰漫、從政者的私心、社會大眾的缺少愛心、是非觀念的模糊、群己關係之難以落實，都令這位年逾九十的資政憂心。

從一九六九年起，每個暑假我都從美國回到台灣，一部分的時間是追隨李氏參與經濟發展相關的研究。三十年來，根據自己的觀察，再也不容易找到一位政府首長對台灣的全面發展，會像李氏那樣投入那麼多的心血，參與那麼多的領域，做出了那麼多的貢獻，產生了那麼多的影響。

他在台灣及國外出版了近十本的中英文著作；南京的東南大學也已經出版了《國鼎文集》十五冊，分別記錄了李氏近四十年來的思維與作為。他發表的一千一百多篇的中文文章及近三百篇的英文文章，是留給世人最珍貴的一部分遺產。此外，他獲得的十二個榮譽博士、以他的名字在著名大學所設立的講座，以及各國政府頒贈的勳章，也都是實至名歸。

在專業知識上，他是通才中的專才，專才中的通才；在做事做人上，他既「能」又「廉」，既「勤」又「實」。

綜合來說，李氏一生所最令人尊敬的還是他擁有高貴的靈魂——無法被腐化的操守、無時無刻不在的大愛、全心投入的專注、從不氣餒的使命感。他在台灣四十年的公職生涯（從一九四八到一九八八，亦即從三十九歲到七十九歲），正就是台灣經濟奇蹟創造的歷程。決策者的高貴靈魂才是國家進步的最好保證。

在他所擁有的讚譽中，從「財經重臣」、「科技教父」、到「國之寶鼎」，最使他安慰的是否在臨去前所獲得的榮耀：南京大學與東南大學的榮譽董事長？

二〇〇二年四月

41

王作榮：台灣第一位「政策經濟學家」

集大學教授、意見領袖、政府官員的三重身份，
言人所不敢言，堅持人所不敢堅持；
其綜合影響超過了任何一位教授、一位意見領袖、一位官員。
他是台灣五十年來第一位對財經政策有深遠影響的經濟學家。

第一位「政策經濟學家」

經濟學家依他們的貢獻也許可以分成三類：第一類是對經濟理論有原創性的貢獻，他們是諾貝爾獎得主。自一九六九年頒發以來，全世界約有七十位得到這項榮譽。第二類是按照他們的貢獻及參與，分別在不同的專門領域發揮專才：

- 有些在構建模式與實證研究上有成就。
- 有些在推進經濟理論上有創見。
- 有些把經濟理論與思潮用到公共政策，用以提升社會進步有貢獻。

沒有一個中國經濟學家得過諾貝爾獎。一些中研院院士的成就大都在第二類的前二項。

作榮先生是屬於最後一個類型，他對台灣經濟發展政策的貢獻，不論是正面的提出或反面的反對，半世紀以來幾乎是無人出其右者，而其影響的範圍更超越經濟。

在經濟學界，因研究領域的不同，有勞動經濟學家（labor economist）、發展經濟學家（development economist），比較少見「政策經濟學家」（policy economist）的這個名稱（偶有public policy economics出現）。用這樣的名詞，尊稱他為台灣第一位「政策經濟學家」，是完全符合國情的。正如作榮先生自己所指出：他是第一位用總體經濟觀點（如國民經濟預算、計量經濟模型、投入產出表），來設計台灣整體經濟政策與發展。

在十八世紀中葉的英國，在亞當史密斯發表《國富論》的年代，政治與經濟本來就是一體的，因此出現了「political economy」這個名詞。

值得敬重雖有一些爭議

作榮先生是一位受過嚴格現代思潮訓練的經濟學家。他融合了儒家思想、西方理念、獨立思考、道德勇氣；以財經、教育、法治為釐訂政策的主軸，以國家現代化為終極目標；集大學教授、意見領袖、政府官員的三重身份，言人所不敢言，堅持人所不敢堅持；其綜合影響超過了任何一位教授、一位意見領袖、一位官員。他的言論與思路影響了台灣經濟發展政策半世紀。更正確地說：凡是他提倡的，不一定變成政策；凡是他強烈反對的，很難變成政策。他是台灣五十年來第一位經濟學家對財經政策有深遠影響的。

他對台灣財經政策的直接參與始自一九五三年擔任行政院經濟安定委員會職務開始；同年受聘為台大法學院兼任教職（直至九四年）。一九六四年擔任《徵信新聞報》（《中國時報》前身）主筆，一九七八～八八年又擔任《工商時報》總主筆。在這近四十年中，他言論的影響力不能以他自謙的「一得之見」來概括。後又在一九九〇年出任考選部長，一九九六年出任監察院長，一九九九年八十歲時退休。在這段歷程中，他一直不畏一些海外學人對他的批評，財經首長對他的疏遠，以敢言著稱。

作榮先生之受人敬重，是他才氣縱橫、勇氣百倍；又有深刻的觀察、一針見血的評論與萬夫莫敵的自信。綜觀其一生之壯志，就是建設一個現代化的中國。

一生中最想做的事

當他多年老友李登輝先生於一九八八年元月接任總統時，作榮先生時任考試委員。在《壯志未酬》的自傳中有這樣幾段：（參閱頁四三三～四三四）

「李總統在改組內閣時，並未請我出任任何職務。李總統應該知道我最適當的職務，當是經濟建設委員會主任委員，結果發表了錢復，真是出人意料。」

「我之所以說我做最適合出任經建會主委，是因為我對一個落後國家如何轉變為一個現代化的國家，有充分的實際知識與理論基礎，我在這方面的知識幾乎涵蓋一個現代化國家所有的重要制度與政策。」

「我一生的職志並不是想做一個有權有勢的大官，而只想政府給我一個職位，讓我將這一點知識充分發揮，為國家的現代化盡一點心力，而經建會主委正是這樣的一個職位。」

在經國先生主政時代，雖然賞識他的才華，但沒有重用。主要的原因可能是當時的幾位財經首長，對他正直的個性曾有微言。以前我總認為如果那一時代的幾位財經首長再加上作榮先生的參與，必然如虎添翼，更能推動經濟建設；此刻我倒有另類思考：正因為雙方有一些「緊張」關係的存在，使這些首長更不得不無私無我，全力以赴；也使得作榮先生不得不更嚴謹地思考與批判，或許反而產生了實質上更大的進步。

作榮先生一生最大的失落，不是個人沒有做到中華民國現代化總設計師的位置，而是中華民國沒有變成一個這位「善為國謀，不善為己謀」的知識分子夢寐以求的「現代化國家」。

細察今天台灣政治與社會的亂象，能不佩服他的遠見？

在二〇〇六年天下文化出版的《為台灣補上一堂經濟課》文集中，他收集了二十二篇文章，涵蓋了台灣經濟發展、治台理念、中國情懷；時間上涵蓋了半個世紀。對台灣經濟發展關心的學者與讀者，輯一中之十二篇（如「十九點財經改革措施」、「台灣經濟發展之路」）都是在那一時空中，有突出的重要性。輯二中之五篇，其中四篇是李登輝接任總統與國民黨主席後，對他的建言與評價。

文集中最引起我關注的是第十六章「國家統一綱領」。當時我與一些學者（包括沈君山、金耀基、丘宏達、高英茂等）被聘為國統會第一屆研究委員。我們幾位在國外教書的常回台北開會，認真地討論過這個重大文件。我自己從不知道這是出自作榮先生的構思，此一綱領對兩岸的發展做出了重大的貢獻。一九九一年春天，國統會與行政院通過了「國家統一綱領」。我自己環繞這個主題寫過好幾篇文章來呼應支持。

作榮先生這位融合儒家文化與現代觀念的思想家，最大的壯志是建立一個現代化的國家；最大的失落是否沉痛地反映在他的自序中的這幾句話：「重讀本書各文，追憶往事，可知我們那一代的人如何展現士的風範，為國為民，莊嚴工作；而現今一些政治人物又是如何展現動物本能，自私自利，無恥貪腐，不成比例，不應該為文明社會所接納。」

二〇一二年春天的台灣，已找不到另一位王作榮。誰說：江山代有才人出？

二〇一二年三月

42

王永慶：從「大」企業家到「偉大」企業家

是王永慶的事業雄心，他以半世紀的努力，締造了一個台塑企業王國，使他實至名歸地變成了一位「大」企業家；是他的企業良心，近三十年來不斷地在台灣、在大陸、在海外創造新的商機，累積新的財富，回饋社會。

在開發中國家走向經濟起飛的關鍵階段，決定成敗的兩個因素是政府的決心與企業的雄心。台灣的經濟發展是何等的幸運，從一九五〇至一九八〇年代中，既出現了「大有為」與「有所不為」的政府首長，又出現了充滿事業雄心的企業家。二者的相輔相成與相互激盪，寫下了台灣經濟發展輝煌的歷史。

公僕重廉能，民間敢投資

兩位蔣總統在台灣執政的年代（一九四九～一九八八年一月）中，那一批無我、無家、無私，而又思慮周密、勇於任事的財經首長，從尹仲容、嚴家淦、俞國華，到孫運璿、李國鼎、趙耀東……將永遠活在人民的心目中。是他們的廉能與奉獻，為台灣企業開創了投資的大氣候，為台灣社會奠定了經濟的繁榮。

兩蔣年代所創造的「經濟奇蹟」，從另外一個角度來觀察，就是「公家」台灣一方面推動了務實有效的發展策略，另一方面構建了一個「民間」台灣可以大顯身手的投資環境。這造成了台灣經濟的快速成長與財富累積；企業家們進而不斷創造商機、累積了經驗、自信、財富，形成了一個經濟突飛猛進的良性循環。台塑、統一、遠東、大同、台泥、裕隆、國泰、巨大……就這樣遍地開花般地崛起。

台灣的整體實力，也就在公僕重廉能、有分寸，民間肯冒險、敢投資，兩者的效能在相加相乘下累積而成。經國先生對部屬的嚴格要求與自律，扮演了一個決定性的角色。他的公私分明、他的不為一己之私、他的計利當計天下利，留給台灣人民最懷念經國先生的根本原因。

就在那經濟起飛前夕的一九五〇年代，王永慶先生首先脫穎而出。一九五四年他以美國政府提供的七十八萬美金的援助金額，決定生產聚氯乙烯粉（ＰＶＣ）。這根火柴點燃了台灣民營企業所蘊藏的生命力，也奠定了日後台塑石化王國的基礎。

台塑在早年發展過程中被認為是重要的「傳統產業」、「勞力密集產業」、「附加值低的產業」，但自一九七八年進軍美國投資，一九九五年後國外投資又包括了大陸、越南。今天的台塑企業早已變成跨國產業，二〇〇五年集團營收約一．四兆新台幣，稅前盈餘近二千五百億，海內外資產總值約二兆。集團產品包括石化上中下游、油品、電力、醫療、教育、半導體、電子材料、光電產業。受雇員工人數約為八萬五千名，每年國內繳稅一百八十五億新台幣。

謙虛節約的企業文化

在這五十年的飛躍成長中，王永慶一直是公認的「台塑王國」的締造者。不論他被譽為「經營之神」或「管理之神」，海內外一般人對他的印象是尊敬多於了解、羨慕多於認識。在二〇〇四年台塑成立五十週年時，創業的王董事長仍然堅持不要鋪張的慶典。這樣的謙虛與節約一直是台塑的企業文化。但台塑關係企業的發展史（正確的說，「成功的創業史」）是值得向世人公開，與海內外人士共同分享的。

令人高興的是，北京的清華大學，在台灣研究所所長劉震濤教授難得的安排下，經過細心的策劃與實地採訪，與三位學者的全程參與，一部較完整的台塑關係企業發展史將在二〇〇七年初問世。這部令人期待的專著將分四冊出版，主要內容分別為：

第一冊：從創業到六輕

第二冊：總管理處的管理績效

第三冊：回饋社會

第四冊：永續發展

這四本書應當可以解答無數人的疑問：「為什麼台塑能，別人不能？」繁體版交由天下文化在台灣出版《王永慶的管理世界》，並推介到海外各地。為了配合繁體版的讀者，以及他們對台塑集團的不是很陌生，內容部分稍有調整，還特約邀請了著名評論家王作榮先生撰文評述，這是特別珍貴的。

事實上，遠在二十三年前我們就出版過王董事長的《談經營管理》。多年來，此書一直受到讀者的肯定，歷久不衰。自出版以來，王先生一直婉謝版稅。他說：「出版是很辛苦的文化事業。」

有大格局的遠見人物

二〇〇四年，在王董事長寓所，我們三位《遠見》雜誌創辦人特別邀約了前監察院長王作榮、前經濟部長趙耀東、前行政院祕書長王昭明，有一個五小時的會談與聚餐。在二〇〇五年《遠見》雜誌一月號，我對當時的背景有這樣的描述：

當被譽為「經營之神」的王永慶，當自謙為「平凡的勇者」的趙耀東，當自喻為「壯志未酬」的王作榮，當被公認為「福州才子」的王昭明，一起來討論當前財經與兩岸關係時，會激發出什麼樣的智慧火花？

二〇〇四年十二月上旬《遠見》雜誌在王永慶先生寓所，就安排了這樣一場聚談。

他們的年齡在八十五歲與八十九歲之間，他們都擁有輝煌的經歷，都掌握過實權，都對社會做出過重大的貢獻，都受到大多數人民的尊敬。

在這以前，我曾參加過幾次他們四位之間類似的聚談。那次的感受特別深刻，是他們的年紀更大了？是他們的憂慮更深了？是國家的前景更不確定了？

聽完他們近三小時的聚談，我聯想到這一個時代最缺乏的就是：有大格局的遠見人物。在我的構思中，大格局者才能看得寬與廣，看得深與遠；才能不受小人與左右的阻擋；才敢突破「傳統智慧」與「政治正確」；才有「一笑泯恩仇」的氣度；才能創造歷史的新契機。

回顧半世紀以來這四位人物的言與行，他們都擁有「大老」應當要具備的特質：

（一）一種放眼天下宏觀世局的思惟；

（二）一種強烈使命感的實踐與擴散；

（三）一種從不認輸泱泱大國的中華氣度；

（四）一種為下代子孫永續發展的深思熟慮。

楊振寧院士常常引用朱自清的詩句：「但得夕陽無限好，何須惆悵近黃昏。」以這兩句來形容四位大老的心境，十分貼切；「四老聚談」，也就更具特殊意義。

不藏於己，而用於社會

近年來，在華人世界我不斷提倡：「賺」大錢的是「大」企業家；「捐」大錢的才是「偉大」企業家。

王永慶在追求「合理化」、「點點滴滴的管理」、「價廉物美」的過程中，不是沒有遭遇到外來的阻力與挑戰。最後使人信服的是，王永慶把他累積的龐大財富，不是藏於己，而是用於社會。

她的長女王瑞華，現任台塑關係企業行政中心副總裁，一再重複董事長對他子女們的提示：「財富是社會暫時請我們保管的錢，一定要好好地使用。」

東方社會有不少「大」企業家，但絕少見到「偉大」企業家。香港的邵逸夫、李嘉誠等是值得尊敬的幾位；台灣的王永慶，以非營利事業的醫療、教育、養生等等造福社會；又以永續經營的理念，透過節約能源及提高效能的新事業，進而創造財富，增加就業。

是王永慶的事業雄心，他以半世紀的努力，締造了一個台塑企業王國，使他實至名歸地變成了一位「大」企業家；是他的企業良心，近三十年來不斷地在台灣、在大陸、在海外創造新的商機、累積新的財富，回饋社會。把王永慶放在世界大企業排行榜中，與那些世界級領袖並起並坐時，他成了一位不折不扣的，甚至有過之而無不及的「偉大」企業家。

台灣因王永慶的存在與台塑企業的實力，不會立刻被全面邊緣化。但時間已所剩無多，正如王董事長在《遠見》雜誌座談中所說：「兩岸同文同種，台灣若能與大陸像兄弟一樣合作，對台灣前途最好，沒有其他選擇。尤其是，我們與大陸談，態度很誠懇。大陸現在還是願意與台灣像兄弟一樣合作，慢了，台灣就沒有機會。」

百年少見的企業家

二十世紀初，一個十六歲在新店冒出的「小米商」，在以後四分之三的世紀中，先變成了受人羨慕的「大」企業家，後又變成了受人尊敬的「偉大」企業家。

在王永慶先生的歲月中，有十四億人口的大陸及台灣，沒有一位企業家可以與他苦學奮鬥、節儉自律、事業成就、企業版圖、社會回饋五大特色相提並論。這真是一個中華民族的傳奇。

王永慶的成就是百年來兩岸中國企業家中前所少見，後難超越的歷史性人物。在百年來中國政治領袖中，西方常列舉孫中山、蔣介石、毛澤東、周恩來、鄧小平；如果要列舉重要的企業領袖，王永慶必然是其中不可或缺的一位。

二〇〇七年一月

43

吳清友：台灣第一位文創企業家

全世界最美的風景是「人在讀書」——「人」與「書」的結合是最動人的文明場景。

第一位文創企業家

二〇一六年十一月在華人企業領袖「遠見高峰會」上，我第一次提出「君子企業家」的名稱，並且把這個榮譽獻給台達電創辦人鄭崇華先生。

七月二十日「天下文化」原定舉辦《誠品時光》新書發表會，誠品創辦人吳清友先生不幸於十八日因心臟舊疾驟逝，這實在是台灣及華人世界的大損失。

此刻我要提出「文創企業家」來追思吳清友先生，並且稱他為台灣第一位文創企業家：

- 他以文化人的抱負，推動文明社會；
- 他精心設計地把「人文」融入「生活」，把「創意」與「藝術」結合，創造出新商業模式；
- 他注入資金，面對風險，承擔盈虧；
- 他接受市場考驗，付出心血，長期耕耘。

他雖走了，卻留下無限的文創遺澤。

這本近三百頁的《誠品時光》，剛好在十八日下午及時遞到在辦公室的吳先生手中。在那一刻，他應當充滿驕傲。

對這本「記錄誠品創立二十八年來的初心、挑戰、變革、與核心價值」之書，他自己與核心團隊三年來曾經全程參與，對最後的定稿十分滿意。

最動人的場景：人與書

大陸的朋友說：「台灣最美的風景是人。」我延伸：「全世界最美的風景是『人在讀書』——『人』與『書』的結合是最動人的文明場景。」

前年十一月「誠品生活蘇州」在金雞湖畔盛大開幕，引發我寫了一篇短文。

回想起在大陸江南十三年的童年，曾經有四年住在蘇州。那真是一個文化古城。學校遠足時去過虎丘、南園、滄浪亭等名勝。我們住在十全街五十九號，一九八八年首次回去時，老宅還在。世界文化遺產蘇州著名的網師園，竟然與舊居不到二百公尺。小時候每天經過那大宅，怎知道隱藏了始建於南宋的這座國寶級的園林？

四好的知識鏈

我常說：一〇一是觀光客要去的摩天大樓；但台北的人文地標仍然是誠品。

多年前寫過「造一座知識不夜城——讀書不打烊」，希望大都市的夜生活除了小吃攤、夜總會，還要有不打烊的書店。次年吳清友先生果然把敦南誠品變成二十四小時開放，這是「英雄所見略同」的巧合，它讓愛書人在任何時間都可進出這座文化聚落。

吳先生有二句深刻的話：「沒有商業，誠品不能活；沒有文化，誠品不想活。」天下文化學習他：「沒有好作者，天下文化不能活；沒有好書出，天下文化也不想活。」讓我們推動一個「四好」的知識鏈：

- 作者寫好書．出版者出好書
- 書店賣好書．讀者讀好書

「誠品」過去已經給台北人、香港人開拓了閱讀的樂趣，一些學習「誠品氣氛」的書店，也有在大陸的大城市中出現。現在蘇州地區的讀者，終於有機會來體驗一種誠品原創的人文、藝術、生活的閱讀氣氛。

自己一生是一個讀書人、寫書人，近年又參與出版。我們三十五年來一直提倡「讀一流書、做一流人、建一流社會」。此刻透過「誠品」，兩岸三地的讀者們，可以擁有共同嚮往的閱讀體驗。

除了台灣，大陸朋友更會記得這位跨越海峽而來的文創舵手。

二〇一七年七月

第五部——共享人生難得之書

為書而生、終身書生的高教授，列舉了十三本不能錯過的書單，會是怎樣的精采？

• 轉型年代：《謝謝你遲到了》《鄧小平改變中國》《贏在軟實力》

• 文明社會：《品格》《文明的代價》《大學教了沒》

• 創新思維：《啟動革命》《注意力經濟》

• 人生管理：《讀一流書．做一流人》《樂在工作》《雪花飄落之前》

• 台灣轉變：《誰說民主不亡國》《請問總統先生》

從飛躍的小龍到溫水青蛙的欲振乏力，我們必須要有高度警覺。小龍年代距今已超過二十年，如果大家細讀各篇文章，或許才有可能突破當今溫水中青蛙的迷糊與困境。

—編按—

44

讀一流書、做一流人

——把「承諾」變成「實踐」

做為讀書人，我深切體認到：
書中的智慧遠比黃金屋更珍貴；
書中的知識遠比顏如玉更迷人。

好書的深遠影響

回想年輕時代，讀孫文的《三民主義》，它推翻了一個專制朝代；讀蔣中正的《中國之命運》，它燃起了青年的愛國熱情；做研究生時，讀亞當史密斯的《國富論》，它鼓吹資本主義的興起；讀凱因斯的《一般理論》，它挽救了在危機中的資本主義；教書以後，讀傅利曼的《自由的選擇》，它使人增加了對市場經濟的信服；讀《鄧小平選集》，它使人推論大陸經濟要起死回生，唯有改革與開放。

一本好書一定會帶給讀者深遠的影響。因此，我認同：一個大學，可以沒有大樓，但不能沒有大師；同樣地推論：在所有的自由中，沒有「不讀好書」的自由。

什麼才是「第一流」的書？

「第一流」的書就是指「好書」。讀完好書後的收穫，有些是知識性的、啟發性的；有些是資訊性的、素材性的；有些是趣味性的、共鳴性的……它的綜合效果是提供讀者：

- 一種知識，以及思考方向。
- 一種激發，以及做事方法。
- 一種高貴，以及生活安排。
- 一種挑戰，以及自我提升。

進一步來說，不論是國人所撰述或譯自外文，第一流的書必須要具有下述一個或數個特色：

（一）它傳播現代知識。
（二）它有創意並激發創意。
（三）它的故事感人且具啟發性。
（四）它有實用價值。
（五）它在提倡人與自然的和諧共存。
（六）它在記錄人類（及國人）的傑出成就。
（七）它探索人類的心靈世界。
（八）它在提倡人間的長情與大愛。

具有這些標準的「好書」，自然擁有了魅力、說服力、以及無法拒絕閱讀的誘惑。

什麼才是「第一流」的人

在自己的教學生涯中，對成功的人物欣賞，對知識淵博的人佩服，對天才洋溢的人傾倒；但是最令我心嚮往之的是這些人：

做事上，專注、出色、有原則。

做人上，敦厚、謙和、有誠信。

態度上，不爭、不貪、不獻媚。

品德上，有格、有節、有分寸。

見解上，有創意、有包容、有執著。

具有這種特質的人，讓我稱他（她）們為現代社會中的「君子」，也就是我所說的「第一流人」。

擁有這些特質的一流人，要做成時下所謂的「大人物」，就必須犧牲不少基本原則。

如果有一天，我們社會出現了「先做一流人」，「再做大人物」的嚴格標準，那麼台灣的民主蒼穹終於出現了燦爛的日出。

共同的夢

要做一流人，先要讀一流書。

如果坊間有再多的好書，自己有很多的原因沒有閱讀，那麼二者無法交集的結果，就是好書會變得孤獨，自己會變得庸俗。

在「知識經濟」的大環境中，每個人必須要不斷閱讀。

在「學習世紀」的大環境中，每個人必須要不斷學習。

愈來愈多的知識份子——特別是年輕朋友相信：閱讀與學習是終身的承諾。

二位美國傳播學者在告別二十世紀前夕，選出了百年來影響美國社會最重要的一百篇演講，名列第一的是人權領袖金恩在一九六三年的演講。講題是：「I Have a Dream」，被認為是二十世紀中最具震撼力的四個英文字。

讓無數的海內外讀者有一個共同的夢：「讀一流書，做一流人」。讓這個夢，以這八個中國字來表達它無遠弗屆的感染力。

「讀一流書，做一流人」是我們一生的承諾，更是一身的實踐。

人生的終點，不是死亡，而是與好書絕緣的那一刻；

人生的起點，不是誕生，而是與好書結緣的那一刻。

二〇〇一年五月

45

《謝謝你遲到了》——如何面對加速年代的劇變？

當世界變動得這麼快，
當我們置身在這麼多加速前進的力量之中時，
你需要暫停，需要靜止，需要反思，重新想像。

三個「M」的架構

佛里曼在百忙中為天下文化撰寫《謝謝你遲到了》繁體中文版專序，其中的關鍵一段指出：三股力量，包含市場（全球經濟的數位化轉變）、大自然（氣候變遷）、摩爾定律（科技持續躍進），不僅同時加速，而且相互牽連、增強，塑造了世界的劇變，進而影響地緣政治的變化、個人工作的保障、社會倫理的調適、社區角色的轉換，產生了前所未有的衝擊。對台灣極為稱讚的佛里曼，希望本書有助於讀者的安身立命，以及展現傲人的生產力。

這本新著的架構，就建築在這三個「M」之上：（一）市場（Market）、（二）大自然（Mother Nature）、（三）摩爾定律（Moose's Law）。事實上，還可以加上第四個「M」：明尼蘇達州（Minnesota），因為他在明州展開了生命之旅。接下來，讓我逐一闡釋這些大趨勢的發展背景。

在這個不確定的世界中，狄更斯（Charles Dickens）在《雙城記》（*A Tale of Two Cities*）中的名言更為適用：「那是最好的時代，那是最壞的時代；那是智慧的時代，那是愚昧的時代……那是希望的春天，那是的絕望冬天；我們的前途有著一切，我們的前途什麼也沒有……。」

二次大戰後的近三十年間，世界上發生了幾件大事：

- 以德、英、法為主的歐盟，維繫了戰後歐洲的和平，但前有南歐國家的財政危機，近有英國脫歐出現的新變數。
- 日本從一九八〇年代的「日本第一」，到一九九〇年代的「失落十年」，已少了昔日雄風。
- 中國的經濟實力三十年來在改革與開放下，已凌駕德國與日本，變成僅次於美國，躍升為世界第二大經濟體。
- 唯一「超強」的美國，因接連介入阿富汗、伊拉克等戰爭，加上財政赤字龐大，陷入困境。

在這個大變局中，影響全球人類福祉的一件大事，就是過去二十多年來「全球化」（Globalization）的快速發展，以及它帶來的正、負面效應。

在國際貿易理論的討論中，兩地或兩國間，如果人為的貿易障礙減少，就會增加生產因素（如原料、資本）、產品與勞務的自由流通，兩地的經濟福祉就會增加，產生雙贏。因此，兩世紀以來大多數的經濟學者，不斷地鼓吹自由貿易。冷戰結束後，資訊流通的加速，以及網際網路的廣泛使用，更使得「全球化」的範圍、速度、實例如虎添翼般地擴散。

早在一九九二年，佛里曼就興奮地歡呼：「全球化的時代已經來臨」。「全球化」是指任何個人或公司，可以在全球任何地方競爭、連結、交換，或者合作。透過這些數位工具，這個世界產生了前所未有的密切連結。

佛里曼在二〇〇五年出版的暢銷著作《世界是平的》被譯成幾十國文字，一夕之間，「全球化」與「世界是平的」畫上了等號。

冷靜地問：「世界真是平的嗎？」不見得。「全球化真是萬靈藥嗎？」更不見得。可以兩個宏觀觀察概括：

（一）全球化雖然已為眾多國家帶來利益，但是證據也顯示，這個結果並不理想。經濟活動推動著全球化的擴展，政治算計卻左右了全球化的走向。因為這場遊戲規則都是先進國家制定的，尤其會受到利益團體左右，全球化便被塑造成符合自身利益為主。諾貝爾經濟獎得主史迪格里茲（Joseph E. Stiglitz）便曾公開嚴厲批評：「這些利益團體從未想過創造一套公平的遊戲規則，更別提去訂定一套能夠增進貧窮國家福祉的制度了。」

從很多角度來看，世界甚至是愈來愈不平了。東亞國家，例如亞洲四小龍及中國大國，善用了全球化，幫助了自身的發展。可是一些最貧窮的國家，當獲得援助及捐贈時，所加諸的種種限制，常使他們無法實施自己認為最好的選擇。

（二）「全球化」是一柄雙面刃，產生了不少嚴重的後果，例如：由於跨國企業的幕後操縱，以及金融市場的遊戲規則與國際貸款等，已以壟斷、獨佔等方式，向第三世界廉價採購礦產和木材等天然資源，並將汙染性產業移向第三世界；此外，在第三世界為牟取特權及暴利，賄賂官員、操縱政治。「全球化」所到之處，擴大了貧富差距和知識差距，助長了社會的不安。

儘管全球化利弊互見，但它真是加速世界劇變的引擎。

大自然惡化的引伸

諺語說：「上帝永遠寬恕。人常寬恕。大自然從不寬恕。」

十餘年來，沒有一位世界級的專欄作家像佛里曼一樣，如此鍥而不捨地對「大自然」的變化，投入這麼多的心血，提出這麼多的警告。

本書探討的「大自然」議題，泛指氣候變遷、人口成長，以及生物多樣性的消失。近年來，佛里曼的論述、演講、訪談，已從人對人、宗教對宗教、國對國的紛爭，轉移到人對自然、人對能源、人對生物、人對子孫的掠奪、人對劇變的調適。

他不斷地提醒所看到的五個趨勢：（一）能源與資源的供需失衡；（二）產油國的獨裁；（三）失控的氣候變遷；（四）能源匱乏（如電力）；（五）生物多樣性消失。佛里曼的總結是：二十一世紀能否安定，端視人類能否處理這些問題。

佛里曼做為一個全球採訪的專欄作家，自然感受到來自東方社會帶給美國及西方世界的指責，並列舉了三個說法：

（一）西方認為自己是「問題的解決者」，實際上卻是「麻煩製造者」。

西方人的優越感與自私心，永遠把自身利益與享受放在第一位。

（二）西方他們要求新興國家改善（從節約能源到性別平等），但不僅在自身的發展過程中全都犯過類似錯誤，此刻仍在犯同樣的錯誤。

（三）西方世界的人口佔全球人口的十二%，卻佔用了地球上太多的能源、市場、財富及權力，而其餘八八%的人口還要不斷地接受西方的教訓。

面對這種種指責，更使佛里曼提倡進行「綠能革命」，因為它不僅創造各種商機，而且能使社會更健康、更安全、更有競爭力。人類必須要走向這一場綠色大革命。

摩爾定律的引伸

我們現在生活在千變萬化的數位科技世界中，Uber是全球最大的出租汽車公司，但沒有自己的「車輛」；臉書是全球最受歡迎的傳媒公司，沒有自己的「內容」；阿里巴巴集團是全球最大銷售的網路零售商，沒有自己的「存貨」；Airbnb是全球最大的出租住宿空間供應者，沒有自己的「旅館」。這種在過去難以想像的顛覆愈來愈普遍，佛里曼認為：躲也躲不掉，該來的就會來；問題是你先做，還是別人比你先做。

所有這些該來的破壞及顛覆根源，就是科技以「指數成長」的速度，滲透你我生活的每個層面。廣被引用的「摩爾定律」，用一九七五年後的話形容，就是：「晶片元件數量每兩年增加為原來的兩倍，效能倍增，價格幾乎不變。」如果英特爾一九七一年推出的第一類微處理器四〇〇四與當前第六代處理器Intel Core相比，晶片效能增強三千五百倍，能源效率高出九萬倍，價格則只有六萬之一——這是一般人難以想像的「指數成長」。若再以一九七一年德國福斯金龜車（Volkswagen Beetle）為例，時速可達三十萬哩，一加侖汽油可跑二百萬哩，這輛車要價只要美金四分錢。

摩爾定律也預言了個人電腦、手機、自動駕駛車輛、iPad，以及大數據和蘋果、智慧型手錶的出現。沒有摩爾定律，就沒有大數據。因為有了摩爾定律，才有更大的記憶空間、更強的運算能力，使得科技更有效率且可靠。

英特爾共同創辦人高登．摩爾（Gordon Moore）自己也沒有想到「網際網路能為人類開啟一個新的宇宙」，「很多人都預測摩爾定律已經走到盡頭，但他們都錯了。」

二〇一五年五月，佛里曼在舊金山探索博物館（Exploratorium）為「摩爾定律」問世五十週年，訪問到已高齡八十六的摩爾，追憶他起初在一九六五年四月在發表的論文中所做的類似描述，後被加州理工學院米德（Carver Mead）教授將這番預測稱為「摩爾定律」。

拜「摩爾定律」之賜，世界不但是「平」的，而且是「快」的——這是科技整合與擴散的自然結果。由此，產生了佛里曼對「超新星」（Supernova）的討論。

佛里曼去參觀一個跨國大企業的總部，它不像政府那樣在上演停擺鬧劇，也不像國會一樣陷入僵局……負責人每天一早起來先看新聞，哪些公司倒下了，便在心裡默唸，今天我們不會被「超新星」摧毀。「如果企業負責人沒有強烈的警覺性，只有死路一條。」

「超新星」泛指電腦、網際網路、行動裝置和寬頻上網等，它的形成與成功，來自軟硬體的演進。資料數位化和儲存的速度更快速，經過分析轉化成知識。如果一機在手，就可從「超新星」擷取所需資料，複雜化已化為無形。迅速、免費、簡便，而且無所不在，任你取用。如果善用「超新星」，「在二十世紀，你喜歡別人做的東西；在二十一世紀，你可以做出自己喜歡的東西。」

那麼，「超新星」能夠促進知識成長嗎？那就要細算新科技帶來的擴散效果與替代效果之間的消長。長期來看，我比較接受麻省理工學院布林優夫森（Erik Brynjolfsson）教授的樂觀看法：各行各業必須在這個轉型期間重新學習、重新投資、重新配置，整體社會才能獲得科技的豐碩之果。

然而，當科技成長率高過人類的適應率，人類就會陷入調適焦慮，覺得錯亂迷失、徬徨不安，難以使用或享受科技所帶來的好處。因此，我們必須透過學習、知識擴展、自身體驗，來迎接「好不容易習慣了一種變化，新變化馬上又要來了」的挑戰。

佛里曼在本書敘述了很多「超新星」帶來的新創事業成功故事，興奮地指出：「現在，所謂的『弱勢團體』已經不見了。只要你的大腦能夠運轉，可以接受短期訓練，不管身在何處，都能夠把好點子變成一門好生意。」

由於技術與教育的普及，第三世界愈來愈多的低收入者，可以獲得新的生活能力。這會是顛覆性的劇變，影響幾十億人的生活。佛里曼鼓舞大家：「這個故事才剛開始。」

進入二十一世紀的第十七個年頭，當川普在二〇一七年元月變成美國總統時，大家屏息以待，全球都充滿了「山雨欲來風滿樓」的不確定感。何來樂觀可言？

讓我率直地先指出：當美國的競爭力已不再遙遙領先時，當政治人物與利益團體相互利用時，當媒體擴大散布社會對立時，當政府的支出超過能力時，當美國人民過度消費時，當不斷增加的社會福利影響工作意願時，當年輕一代失去工作認真與獨立奮鬥的精神時，美國社會的生命力與凝聚力開始渙散，然後就走下坡；尤其是面對新興經濟體的崛起，特別是中國，產生了複雜的情結。

二十世紀的二次世界大戰，曾是美國國力增強的助力，此後的戰爭變成了阻力。從韓戰、越戰，再到阿富汗與伊拉克戰爭，似乎師出有名，但逐漸都遭到國內及國際的反對，最後變成難以收拾的財政負擔，國際聲譽也遭受嚴重的損害。

佛里曼在面對下列這種說法：「英國霸氣地擁有十九世紀，美國傲慢地主導二十世紀，中國遲早將主宰二十一世紀」，不得不理性承認，美國的輝煌必須重建。他的內心有現實面的沮喪，但在他的基因中，有著美國立國精神中澎湃的樂觀主義，於是自稱為「沮喪的樂觀主義者」（frustrated optimist）。

佛里曼的「沮喪」是表面的，「樂觀」則是根深柢固的。他的「沮喪」來自現今的美國出現了一連串的問題，包括教育品質、財政赤字、負債、信用擴張、能源與氣候變遷，以及缺乏強勁的整合能力與停擺的政治運作機制。尤有甚者，美國也忘記做一個偉大國家應有的長程投資，包括教育、基礎建設、研究與發展，以及修改法令，吸納有才華的移民等。佛里曼痛心地承認，過去十年對抗恐怖主義及縱容減稅，所付出的代價造成今日「已無存糧」。

佛里曼的「樂觀」，則來自深信美國社會仍擁有龐大無比的無形資產，包括：

- 勇往直前的精神。
- 多元的意見與才華。
- 富於彈性的經濟。
- 工作道德與追求創新。

- 可以調整的政治和經濟體系。

佛里曼指出，美國想在二十一世紀領先，必須處理好四大挑戰：適應全球化壓力、減緩國家財政長期赤字、減輕能源消耗與氣候威脅、善用資訊科技革命，而本書持續闡述相關的處方內容。

回到明州家鄉找到處方

身為全球最有影響力的意見領袖之一，佛里曼走遍全世界，在試著為本書尋找各種難題的解方時，他想到青少年成長時代的明尼蘇達州。那是個萬湖之州，四季分明，風景優美，民風樸實，人才輩出。明州的最大城市明尼亞波利斯市（Minneapolis），經常被選為全美生活品質最高的城市之一。

佛里曼以全書五分之一的篇幅（共三章），敘述他們猶太家庭在郊區聖路易公園社區在一九五〇年代的遷移、融合、生活及成長。他的文筆細膩、感情濃厚、故事動人，宛如一本傳記。這使我想起本書首頁中的第一句話：「這是我的第七本書，誰知道？也許這會是最後一本。」如果他真不寫自傳，那麼這三章的內容就是簡要版。

近年，他幾次回到明州，深度採訪，又再體驗到一個現代的民主社會仍然可以有效地運作。那裡的州政府、議會、學校、社區、醫院、博物館、藝術中心、職業球隊等，都非常富有創意、有執行力。即使一年有四個月冰天雪地，仍然（一）彼此合作、（二）同心協力、（三）相互支援、（四）共同分享，這真是值得學習的運作模式。

佛里曼的明州尋根之旅，發現了禮失求諸野，發現了這是一個「接地氣」的社會，發現了基本價值的堅持與實踐。明州提供了面對劇變、尋求繁榮的重要藍圖，展現出下列這些基本價值：

（一）「妥協」（彼此退讓一步）的重要：不能陷入中東地區相互對立的死胡同：「我弱，如何妥協？」「我強，為什麼要妥協？」。

（二）「信任」的重要：沒有人與人之間、人與公部門之間、政商之間、多色人種之間的信任，社會就無法包容、適應、合作、進步。

（三）「教育」的重要：年輕人需要導師、教練；出了校門的人，要不斷自修。有人擔心川普的決策，因為他聽了很多情緒的話，讀了太少理性的書。

（四）「連結」的重要：美國最嚴重的病不是癌症，而是人與人之間的孤獨、不接觸、不交流。

（五）「家庭」與「社區」的重要：要在「颶風中跳舞」，必須要有溫暖的家庭與和諧的社區，它是社會安定的兩大基石。

這些看來平淡的處方，對美國社會來說，卻是「對症下藥」。當然，這些處方也是佛里曼半世紀以來孕育的價值判斷下的對策。他在第十二章中，對自己的價值有這樣的描述：

- 社會改革傾向自由派。
- 強烈的愛國情操。
- 贊成多元文化。
- 社區扮演主導角色。
- 財政政策適度中庸。
- 偏向自由貿易。
- 創新狂熱下的的環境保護者及資本主義信徒。

湊巧的是，我在明州的右鄰威斯康辛州，生活及教書有四十年的時間，比他在明州的時間長了一倍，也偶爾有機會開車經過他少年時代居住過的聖路易公園社區。

我們的價值觀念幾乎雷同。美國中部人民的樸實、熱心、專注、認真、分享，正是我會留在那裡這麼多年的重要原因。他們建構了美國社會做人做事的的厚實基礎；也享有現代社會的高度文明。

關注美國的盛衰

對於美國的盛衰，不只是美國人關心。做為一個曾在美國讀書、教書及生活近半世紀的中國人，我也很關心。必須先說明的是：我對美國情有獨鍾。它是一個偉大、開放、富裕的國家；但半世紀以來，政府權力的傲慢，企業營運的自滿，人民生活的浪費，造成了東方文化中「驕必敗」的嚴重失衡。所幸，美國社會從不缺乏有識之士（如佛里曼），他們總會及時提出警告與忠言。

近十年來，隨處可以感覺到美國經濟的衰落。近年的資料指出：四千九百萬人陷入貧窮，九千七百萬人為低收入者，兩者佔美國總人口的四八%。

二十年來的幾件大事，提供了衰落的線索及轉捩點：

- 一九九一年蘇聯解體，市場經濟終於獨領風騷，美國變成唯一超強，可是絕對的權力開始了相對的衰落。
- 二〇〇一年九月十一日恐怖分子摧毀了紐約世貿大樓，布希先後發動阿富汗及伊拉克的軍事報復。十年的戰爭，重創美國元氣及國際地位。
- 二〇〇八年發生全球金融海嘯，華爾街的貪婪使美國經濟自身變成了最大的受害者，資本主義的運作再度面臨危機。
- 在金融風暴後，中國以龐大的外匯及其政府效率，扮演了穩定及刺激全球經濟的角色。在國際舞台上中國第一次與美國並駕齊驅；但中共領導人在國際場合一再宣稱：「中國不搞霸權，中國本身還有很多難題要解決。」
- 二〇一六年底，川普在主流媒體普遍看衰中逆轉勝，當選了美國總統。

當台灣在貧窮、落後的年代，美國是我們最要學習的。從台灣看美國，我們充滿了自卑與嚮往。佛里曼在六年前出版的《我們曾經輝煌》一書，卻表達了他們的焦慮。在該書扉頁中，引用了歐巴馬在二〇一〇年十一月說過的話：「中國的鐵路系統比我們完備，新加坡的國際機場比我們進步，這根本沒道理。我們剛才聽說，中國擁有全球最快的超級電腦，而這樣的成就原本該屬於美國。」

在這本新著中，佛里曼再度鼓舞美國人民。面對加速劇變的世界，他相信個人透過終身學習（Lifelong Learning）與技能成長（Skills Growth），可以追求到美國夢。這一代能比上一代好，下一代能比這一代好。

二〇一七年二月

46

《鄧小平改變中國》
——傅高義第四本著作的出版

對鄧小平一生功過的評估，
傅高義幾乎都把他定位在「中國改革功臣」。
從研討一國經濟發展的過程來看，
鄧小平確實在經濟改革上有深遠的影響。

華文世界的讀者何其幸運，有這麼一位享譽國際的學者，窮十年之功，寫出了一本五十五萬字的《鄧小平改變中國》。鄧小平改變了中國的命運，傅高義是否改變了我們對鄧小平的評價？

二〇〇一年四月一日上午九時許，中美軍機在海南島附近發生相撞事件，失蹤飛機與中共飛行員墜海，兩國緊張情勢升高。次日我與趙耀東先生等幾位到達北京大學參加一個中港台三邊學術會議。在校園中巧遇傅高義教授，我以為他為這件軍機事件而來，他用純正的普通話說：「我到這兒來蒐集有關鄧小平先生的資料。我正在寫一本他的傳記。」

十年過去了，傳記也寫好了，大獎也得了。所有的讀者都要為八十一歲的傅高義教授的治學精神喝彩！

本文包括三個部份：（一）留下歷史記錄的重要性，（二）引述對「四小龍」一書的評論；（三）表達個人對鄧小平十五年前去世時的評價。

為歷史留下紀錄

近百年來我們中國人的歷史，正就徘徊在絕望與希望之中、毀滅與重生之中、失敗與成功之中。

歷史是一本舊帳。但讀史的積極動機，不是在算舊帳，而是在擷取教訓，避免悲劇的重演。歷史更可以是一本希望之帳，記錄這一代中國人的奮鬥與成就，鼓舞下一代，以民族自尊與驕傲，在二十一世紀開拓一個中國人的天下！

以傳播進步觀念為己任的「天下文化」，二十多年來，先後出版了重要人士的相關著作。就他們所撰述的，我們尊重，但不一定表示認同；我們的態度是：以專業水準出版他們的著述，不以自己的價值判斷來評論對錯。

此刻很難得的出現了一位外國學者——哈佛大學的傅高義教授寫了一位中國政治領袖鄧小平。這本英文原著去年秋天出版後，立刻受到國際很高的評價，並獲得了加拿大吉爾伯圖書獎，獎金美金一萬五千元。

這是本中國近代史上重要的傳記，作者在序言中說：（一）六四已過了二十多年，現在可以不受天安門事件影響，冷靜地思考鄧小平的歷史地位；（二）書中對鄧小平留給後世的正面貢獻：使中國人富起來，維持良好的外交關係，減少軍費支出，促進法治，給普羅大眾有更多公開表達意見的機會等；可以對想改進人民生活，維持良好對外關係的人，提供助力。

引述對「四小龍」的評論

天下文化曾出版他的三本英著的中譯本。其中最重要的一本是討論《四小龍》（*The Four Little Dragons*）。摘錄我在一九九二年寫的評論。

在西方的學術世界裡，有所謂「日本通」、「中國通」，因此探討日本與中國各種層面的著作甚多，綜合討論「四小龍」的書則極為少見。這本著作正填補了這份空白。

四小龍——台灣、南韓、香港、新加坡——高度持續的經濟成長，提供了一個教科書上找不到的「例外」。經濟發展理論上所列舉的條件，四小龍幾乎全不具備。

它們缺乏自然資源、資金、技術；也缺乏民主的傳統。台灣與南韓有龐大的軍事支出與戰爭威脅；香港、新加坡兩個彈丸之地沒有腹地。然而在一切不利的條件下，「四小龍能，為什麼我們不能？」

作者從科際整合觀點來相互比較四小龍，又以日本經驗貫穿全書，這種方法是一個重要的突破；所獲得的結論，也是一項重要的貢獻。

這位既精通中文（在台北曾中文公開演講），又精通日文的美國學者，對我們東方人來說，一點也不陌生，他的《日本第一》，不僅在稱讚日本，更在警惕美國。寫的《廣東改革》不僅在稱讚廣東，更在警惕北京。

在《四小龍》一書中，他以二組因素解釋它們的快速成長：

（一）五個有利的形勢因素：美援的提供、古老秩序的消失、政治和經濟上的迫切感、勞工階層的努力，以及日本經驗的模仿。

（二）四個制度上的因素：任用才俊的官僚體系、遴選人才的考試制度、強調團體意識的文化背景，以及追求自我改進。

他在結論中正確地指出，日本與四小龍正面臨三項新挑戰：廉價勞力時代結束後的調整、金融資產累積後的運用與分配，以及民眾追求民主所帶來的多元化訴求。

與其他歐美學者相比，作者的論述有值得推崇的特色。他不以西方優越感的心態來分析東方問題，也不以一種冰冷的數理架構作純理性的量性分析。兼通中文與日文，可以深入東方社會，與各階層人士交換意見，了解影響社會發展的各種非經濟因素。因此，他的觀點有「人味」，引證的故事有「草根性」，提出的結論有「親切感」。

他來台灣，最喜歡用中文交談，交談時又勤於筆記。對每一事物充滿好奇。他沒有名學者的傲慢態度，卻有大學者的謙虛風範。對他的著作，美國學術界的評論是「呈現一種過人的洞察力。」東方讀者不一定會完全同意他的觀點，但一定會推崇他是一位洞悉東方而且熱愛東方的社會學家。

鄧小平的歷史地位

近百年來，影響中國命運的政治人物，從孫逸仙、蔣介石、毛澤東到蔣經國，都已先後去世了。在二十世紀的黃昏，最後一位「元老」——鄧小平的消失，是否意含強人政治終將在中國褪色？

對鄧小平一生功過的評估，幾乎都把他定位在「中國改革功臣」。從自己研討一國經濟發展的過程來看，鄧小平確實在經濟改革上有深遠的影響。

在僵硬的共產體制下，三起三落的鄧小平講過不少「要殺頭」的話：如「不搞改革的開放，是死路一條。」「兩岸的統一需要時間，三十年、五十年都可以等。」「讓一些人先富起來。」

不僅他勇敢地在講，更冒險地在做。從深圳到上海，正是這些大膽的嘗試。所有的革命，不論有多偉大的號召，都會落空，除非真正改善了人民的生活與國家的地位。從這一層次觀察鄧小平的實事求是，有他不可磨滅的貢獻。《紐約時報》的社論評得中肯：「鄧小平的功績在經改。」

如果毛澤東建構了龐大的共產體制，那麼鄧小平在那軀殼下建構了有中國特色的市場經濟。毛澤東的共產革命，再也無法持續；鄧小平的經濟改革，則勢不可擋，走上了一條再也無法回頭的路。

沒有「六四事件」，鄧小平不會引起海外那麼嚴厲指責。對民主社會中的知識份子來說，「改革」遠比「革命」可取，「流汗」遠比「流血」可貴。一九九七之後，中國還需要另一個鄧小平，來推動比經改更困難的政治改革。

二〇一二年四月

47

奈伊：「軟實力」的興起

面對大陸使用硬實力的可能性，我千思萬慮之後，一面大聲提倡「和平雙贏」，一面指出台灣唯有靠「軟實力」立足世界。

二〇〇一年九月十一日美國紐約受到恐怖份子攻擊後，二個名詞突然走紅：那就是「硬實力」與「軟實力」。

當時的台灣正是陳水扁擔任第一任總統的第二年。他的兩岸政策以及與美國的關係已經開始質變惡化。隨著他執政時間的增加，兩岸關係逐步緊張。面對大陸使用硬實力的可能性，我千思萬慮之後，一面大聲提倡「和平雙贏」，一面指出台灣唯有靠「軟實力」立足世界。

二〇〇七年一月在哈佛校園拜訪了提出這二個名詞的奈伊教授（Joseph S. Nye Jr.），稍後我在《遠見》刊出了〈台灣有展現軟性實力的實力〉。二〇〇八年十一月在圓山飯店舉辦遠見主辦的「第六屆華人企業領袖高峰會」，即以「提升軟實力，接軌全世界」為主題。當四百餘位貴賓在大會中聽到馬總統的演說中指出：「台灣要放棄武力，朝軟實力方向努力」時，獲得了全場熱烈的掌聲，我內心充滿了共鳴。這是「軟實力」引介到台灣的簡短背景。

「軟」不是「弱」

英國在中世紀出現了一位偉大的哲人培根（Francis Bacon，一五六一～

一六二六）。在今天盛行的知識經濟討論中，大家都記得他的一句名言：「Knowledge is power」，常譯「知識是權力」或「知識即力量」。

在二十世紀中葉，資訊時代的來臨，出現了二個新名詞：「hardware」與「software」，譯「硬體」與「軟體」。

或許是受了這個背景的影響，哈佛大學奈伊教授在一九八〇年代末提出了「hard power」與「soft power」的概念。前者是指一國以軍事上的強勢來壓制對方，完成國家政策目標；後者是指一國以其制度上的、文化上的、政策上的優越性或道德性，展現其吸引力。

奈伊教授指出：硬實力容易贏得戰爭；但需要軟實力才能獲得持久的和平。「軟實力」當然不是「軟弱」，它是實力的形式之一，這種觀點與我國「以柔克剛」的說法相互呼應。

「軟實力」是種能夠影響他人喜好的能力。獨裁國家的領導人習慣使用威脅或直接命令的方式；民主國家的領導人，則常借助說服力。因此，軟實力的使用是民主政治的主要手段。如果這種領導人具有人格魅力、文化素養、政治主流價值，以及推動具有合法性及道德標竿的政策，那就容易得心應手，創造政績。

硬實力透過軍力強迫或經濟利誘，可以擁有支配力——改變他人行為的能力；軟實力透過某些示範行為的吸引力，擁有吸納力——左右他人願望的能力。在現實世界中，二者常相互使用。曾任美國國務卿的萊斯（C. Rice）就說過：美國的價值不能僅靠劍（硬實力），還需要靠橄欖枝（軟實力）。

什麼是「軟實力」

二〇〇七年我去香港與香港科技大學朱經武校長一起討論如何「打造台灣大未來」。他以科技觀點，我以「軟實力」，相互激盪。我指出：面對中國大陸的硬實力，台灣的出路即在軟實力。

廣泛地說：「軟實力」是指別人（或別國）願意來稱讚、學習、仿效（或者購買）所呈顯的一種行為（如人的品質）、一種表現（如藝術）、一種力量（如市場經濟的運作）、一種組織（如獨立的人權機構）、一種制度（如無性別歧視），或一種產品及服務（如無汙染的觀光事業及大學教育）。

軟實力可以反映在個人的成就上（朱銘的雕刻）、團體上（林懷民的雲門舞集）、普遍性上（台灣社會的自由與開放）；它可以是有形的（誠品書店）、無形的（台灣人民的友善）；它可以是公共財（太魯閣的風景），也可以是昂貴的私人財（收藏的稀罕古董）；它可以購買（三義的木雕），也可以是非賣品（故宮的收藏）。它有時需要國家的大量投資（如教育與文化），有時需要民間研發與開發（如新產品），它可以是短期的（如流行音樂），也可以是長期的（如中華文化）。

在人類的歷史上，最受人尊敬的是那些擁有「軟實力」的偉大人物：莎士比亞、牛頓、貝多芬、莫札特、愛因斯坦；近代中國則出現了孫中山、胡適。他們散發了歷久彌新的智慧光芒，他們對後代子孫永遠充滿了吸引力，他們留下了最珍貴的遺產：文學、音樂、科學、民主思想、開放社會。

拜訪奈伊教授

在甘迺迪政府學院的研究室中，曾經擔任助理國防部長及十年院長的奈伊教授，對兩岸情勢如數家珍般對來客分析。綜合他的談話要點：

（一）在當前全球化中，軟實力遠比硬實力更能服人。布希政府已經從伊拉克戰爭中嘗到苦果。美國應對中東回教國家多展現充滿吸引力的軟實力：高等教育、男女平等、宗教自由、人權尊重。

（二）「中國希望賺錢，不希望打仗」是對的策略。中國已開始懂得如何增加軟實力，姚明、功夫電影、孔子研究中心、二〇〇八奧運，都是對中國產生吸引力的例子。

（三）在當前國際政治生態下，在敏感的兩岸關係上，台灣最好的策略就是「維持現狀」。台灣要發展軟實力，才能提升對外影響力。

第三點的說法，正與前白宮官員葛林（M. Green）對台灣的忠告相呼應。葛林指出：台灣愈強調國家認同，戰略立場愈弱；台灣要爭民主，別爭國家主權。爭民主，即是展示台灣軟實力；爭國家主權，就要靠硬實力。他的忠告：打軟實力的開放牌，才能打開台灣的國際窄門，才能保障台灣的未來。

「巧實力」的提出

奈伊教授最近又提出了這麼一個延伸性觀念：「smart power」，我們把它譯成「巧實力」（參閱《哈佛商業評論》二〇〇八年十一月號繁體中文版）。

「巧實力」就是軟硬兼施的整合力，正可以生動描述西方國家近百年來一手拿胡蘿蔔，一手拿棒子縱橫天下的場景。奈伊教授有感而發指出：一國的政治領袖應當知道硬實力（如贏得戰場勝利）有它的限制；因此領導力必須包含技巧的運用「巧實力」。

面對人類七十年來最大的經濟危機，「巧實力」的巧妙運用是關鍵。對付全球金融危機，「軟」實力的國家是指擁有大量外匯、高儲蓄、低外債的，中國是極少數之一。華府智庫的專家一再指出：「對付金融危機，中國非接下美國的棒子不可。」布希召開G20，白宮晚宴中坐在他旁邊的就是胡錦濤。這就是擁有軟實力的現實。

另一方面，「軟實力」還包括了擁有較嚴密的法治、較透明的制度、較文明的商業行為、較高的反省應變能力。以此為準，美國則又名列前茅。因此奈伊教授認為美國在二十一世紀中仍可以持續靠軟實力領先世界。

全球重要國家領袖在二〇〇九年共商大計時，美國一面要多用巧實力，另一面就要靠其他國家領袖發揮軟實力——以相互依存及共同危安來說服彼此，共體時艱，重建世界新經濟秩序。

馬總統要善用和平紅利

我要提一個建議，這個建議從前似乎尚未出現過：那就是所有重要國家（包括我們台灣），連續三年共同裁減百分之十的國防支出。然後各國以省下的幾十億、幾百億、幾千億的軍費，移作協助國內低所得及失業者度過難關。當各國共同減少軍費時，國力的相對均衡不會立即受到改變，而這樣的資源調整，完全理性而又符合人性。當提出「不統、不獨、不戰」的馬英九當選總統後，我最大的放心是兩岸終於減少了戰爭的風險；我最大的盼望是：台灣終於有機會，政府可以把有限的資源少用在國防上。台灣太需要更多的基礎建設與教育投資，把它變成一個名副其實的現代社會。

當台灣減少武器採購時，等值的預算可以採購美國的軟實力：如科技、專利與人才培育。如果政府一年送八千名優秀的人員（包括公務員及優秀的年輕人）去美國深造一年，每位四萬美元，也只要三點二億美元，相當四架戰鬥直升機的價錢。

馬總統接事半年後，此刻出現前所未有的兩岸良性互動；尤其在「胡六點」的最新發展下，全民要掌握住「戰爭威脅」減少的契機，削減軍火購買，把政府資源做一次全新調整；這就會出現西方社會最嚮往的「和平紅利」（Peace dividend）——因和平而節省的軍費。

負責國家財經大計的官員，必先要充分了解「機會成本」的重要，才能做對決策上的優先次序；否則就會付出資源被排擠的慘重代價。目前台灣的國防預算約三一五一億台幣，佔中央預算百分之十七點二。

馬總統須要把律己甚嚴的節儉，用到政府財政支出上；絕不浪費納稅錢在不必要武器採購上；而且要把資源進一步移植於軟實力的擴張。

二〇〇九年二月

48

布魯克斯：《品格》永不貶值的資產

品格超越國界，也超越時間。
不論身在何處，品格在全球化中，
是永不貶值的資產。

「人生」三書

在西方社會，討論品格（Character）的書，當然不會比討論財富（Wealth）的書多；但是，每隔幾年，總有討論道德、人品、修養的書出現，受到士林推崇：如英國管理思想家韓第教授的《你拿什麼定義自己？》（天下文化，二〇〇七年），美國哈佛大學教授克里斯汀生的《你要如何衡量你的人生？》（天下文化，二〇一二年），此刻我們又出版了布魯克斯（David Brooks）的新著：《品格》（*The Road to Character*）。這三本剛好可以在價值迷失年代中，視為「人生三書」，引導讀者走向心靈的康莊大道。

閱讀《紐約時報》，近年我最喜歡的專欄作家，正是比較保守派（Conservative）論點的布魯克斯與比較自由派（Liberal）論點的佛里曼（Thomas Friedman）。所謂「保守」與「自由」（有時被稱右派與左派），是泛指市場、政府與個人在社會中的角色。布魯克斯在芝加哥大學讀歷史與經濟，又追隨過保守派大師巴克利（William F. Buckley, Jr.），文章散見於美國重要的人文與社會思潮的雜誌，也是公共電視長期的評論家；即使不同意他的觀點，他的才思，一直受到很多人推崇。

面對二條路

閱讀這本新著，「天下文化」的責任編輯首先摘要地告訴讀者：

- 讓我們不要「虛度此生」，就從展開「自我對抗」的那一刻起。
- 人生有兩大追求，一是「履歷成績」，如事業、財富；二是「悼文成績」，在親人好友心中，你到底是怎麼樣的一個人。
- 「履歷」要你以成就征服世界，「悼文」是以你的美德感動別人。
- 在人生道路上，必須不斷問自己：追求成功之際，我該如何回應內心抉擇，無愧於人生？

就如大家熟知的美國詩人佛洛斯特（Robert Frost，1874–1963）留下了一首當代傳誦的詩：「The Road Not Taken」，最後兩行是：

> 我選擇人跡較少的一條路，
> 自此帶來了完全不一樣的結局。

十餘年來，我也寫過類似的話：人生有二本帳：私人小帳與社會大帳。

人不能只有私人帳上財富累積，社會帳上則出現赤字。這就是小我與大我的平衡。

我也對企業家說：你們要攀登二座大山：前山是「利潤」之山；後者是「責任」之山。成功的登山者，在選擇上有先後，但最後的目標是要在後山山巔，向大家大聲宣布：我到達了責任之峰。

西方品格之路

布魯克斯引述猶太牧師在《孤獨的信仰之人》一書中區分人類有二種人性中極端的本質：

亞當一號：成功是座右銘，追求「履歷表」的輝煌。

亞當二號：道德、慈善、關愛、救贖為主，令人懷念的「追悼文」自然會出現。

作者是在鼓吹亞當二號，人生應當要追求謙遜（Humility）。在最後一章作者歸納了十五項對謙遜的論述，為全書的精華，總結了發展高尚品格的方法。歸納來說：人首先要放棄「以我為先」（Big Me），確立道德生態：人生的目標為何？我是誰？本性是什麼？有哪些美德要培養？為什麼而活？

人不只是追求享樂，還要追求使命。人生的本質是道德，非享樂。人的本身有眾多缺陷，如：過度自信、對失敗合理化、所知不多、向慾望低頭等。

人即使有缺陷，但也有反省能力，也能辨識罪惡與羞愧，最後戰勝它；過程中常需外在力量：包括親友、傳統、制度、典範。對付缺陷，謙遜是最大美德。

一旦生活需求滿足，追求美德與對抗罪惡，就成為人生的主軸。人格（Character）在內心對抗過程中形成。人格者擁有穩定的承諾。

戰勝缺陷與罪惡的人，不一定會變得富有或出名，但會變得成熟（Mature）。唯有比昨日之我更好，才會成熟。成熟之人會向許多事情說「不」；而且不再迷惑，有原則、有堅持。

作者自謙地形容自己：生來就跟「膚淺」結緣，常因不斷拋出一些看法，顯得權威，使自己產生驕傲，甚至失去道德的約束。作者寫這本書，也正是提醒自己要如何擁有高尚的品格。

在當前充滿競爭的高科技世界中，能找到事業成功、品格高尚兼具的企業家嗎？大家都會想到美國微軟創辦人比爾．蓋茲，兼有亞當一號與二號，不僅有「履歷表」的輝煌，日後更會有令人尊敬的「追悼文」。台灣的台達電創辦人鄭崇華，是我立刻想到的另一個典範。（參閱本書第三十五篇〈鄭崇華：第一位「君子企業家」〉）

東方君子之道

自中世紀以來，在西方的宗教與文化中，出現了不同的名稱來描述人的氣質與行為：聖徒人格、紳士人格、騎士人格、靈修人格、浪人人格、牛仔人格……。在我國悠久的歷史文化中，人格、品格、風格、美德、道德……就是學習如何做人做事的規範。

余秋雨在《君子之道》（天下文化，二〇一四年）一書的「前論」中說明了這些精闢的道理：

- 中國文化的集體人格模式，是「君子」。它是一個龐大民族文化整合中的「最大公約數」；中國文化的鑰匙也在這裡。
- 做個君子，也就是做個最合格、最理想的中國人。

- 儒家對後世的遺囑：做君子。

那麼如何做「君子」呢？余先生列舉九項，我引述六項：君子懷德；君子成人之美；君子坦蕩蕩；君子中庸；君子有禮；君子知恥。

中國的「君子之道」與美國的「品格之路」相比，東方的文化底蘊及層面似乎更為深厚廣闊。

不論是選擇中國式或美國式孕育品格之路，這二條路不是反方向，也不是單行道；它們都會在「品格」那一站交集。

「品格」超越國界，同時也超越時間。不論身在何處，「品格」在全球化中，是一個永不貶值的資產。

二〇一六年五月

49

文明：沙克斯的《文明的代價》

我歡喜付稅，因為稅金可以購買文明。

——美國大法官霍姆斯（O. W. Holmes, Jr.）

文明的代價

近年來「文明」的課題受到普遍的重視，哈佛大學歷史學者弗格森（Niall Ferguson）的《文明》一書（聯經，二〇一二）享譽士林。他提出了西方文明為什麼能統馭世界的重要解釋。另一位哥倫比亞大學的經濟學者沙克斯（Jeffrey Sachs）所寫的《文明的代價》（*The Price of Civilization*），則以「混合型經濟」為討論主軸，分析構建一個文明社會所需要做的各種努力（天下文化，二〇一三年九月底出版）。

我們所嚮往的「文明社會」是泛指匯聚的社群，擁有高度文化水準及科技發展，同時擁有多元創新的制度，相互包容尊重的生活方式，以及共同致力於永續發展。要構建及維繫這種「文明」，社會就要付出「代價」（price）。

這個「代價」包括兩方面：一是具體數字的成本面（如擁有一流大學、博物館、實驗室），要花很多錢，這就是為「文明」所負擔的支出、費用及納稅；另一方面是難以數字化表現，如具有文明素養的公民，應會參與公眾事務，應會樂意分享財富，應會有公平正義的同理心等等。這些均需要時間、愛心及參與的投入，可以無形的「代價」來概括。

正因為「文明」是大家值得提升與維護的普世價值，「代價」自應由社會上每一份子來共同承擔。

我們的努力

半世紀前我大學畢業時，月薪八百元台幣，每人所得不到一百美元。所幸五十年前台灣經濟開始起飛，也早已跳出當年的貧窮與落後；但距離像美國這樣的文明社會，尤其與它優秀面來比，台灣要加快努力：

（一）學習美國，增加一流大學、研究機構、實驗室、科技中心，跨國企業，以及提升藝術、音樂、體育等文化領域接近國際水平。

（二）學習美國社會無處不在的開放、多元、民主、法治、容忍、透明等的傳統，以及他們對這些軟實力的珍惜，特別注重對全球人才的吸引。

（三）學習美國富豪巨額捐獻，民眾參與社區公益活動，人民平均稅率約百分之二十五（台灣則不到百分之十三），公共知識份子所扮演的反省角色，以及年輕人仍然擁有冒險的創業精神。

走開放大門

要落實上面所指出的三項努力，我們必須先走「開放」的大門。「保護主義」是「開放」的死敵。不少人總以為保護國內低效率、低生產力的產業是件天經地義的事，殊不知正因為如此，這些低效率的產業只能付低工資，賺小錢，也就根本沒有資金以及能力開發新產品、新市場。年復一年地把我們的資源用在缺少競爭力的生產上。「開放」就是透過市場的競爭機制，決定成敗；經不起考驗的自然就淘汰，正因為有淘汰，產業主不得不拚命努力，有生命力的新產業也可以興起；僱用的工資也就可以上升。如果因為開放而受到淘汰的產業，政府自也可以考慮短期的救濟及轉業的訓練；但千萬不能因此而不敢開放，尤其不能鎖國。當台灣對外面世界愈來愈開放時，我們就愈容易吸引到全球的人才、資金、科技與資訊。

台灣要變成高度文明社會，還有漫長的路，此刻已顯得疲憊。唯有果斷地走上「開放」之路，才能提供新願景與新動力。

二〇一六年五月

50

革命有理，創新有功
——哈默爾的《啟動革命》

企業與政府一樣，沿用舊地圖是找不到新大陸的。
只有透過創新革命與新商業模式，
我們才會具有新的視野、新的企圖心、新的里程碑。

（一）

在社會思潮澎湃的二十世紀中，西方的經濟理念一再影響了人類的命運。除了十八世紀下半葉亞當史密斯提出的《國富論》，十九世紀中葉馬克斯提出的《資本論》，二十世紀也出現了兩位偉大的經濟思想家。一位是英國的凱因斯，另一位是歸化美國的熊彼德。

凱因斯提出《一般理論》，以「有效需要」做為政府干預經濟蕭條的理論基礎，挽回了一九三〇年代全球經濟大恐慌，也同時徹底轉變了過去政府自由放任的的角色，此一劇變世稱「凱因斯革命」（The Keynesian Revolution）。

熊彼德提出了不可一世的「創新」學說，認為經濟發展的軌跡就是一連串「創造性毀滅與重生的過程」。正是這個創新學說，誘發了十年來美國所出現的新經濟（New Economy），或泛稱的知識經濟（Knowledge-based Economy）。管理學大師杜拉克對兩位有一個深刻的比較：「凱因斯才氣縱橫，橫掃當代；熊彼德智慧深邃，歷久彌新。」

這段簡短的回顧，旨在指出眾多的經濟與管理學說中，只有凱因斯的學說，因其石破天驚的貢獻與爭論，被稱為「凱因斯革命」；而本文要討論的這本新書，它的書名就是「啟動革命」——啟動創新與想像力的革命。因此，這是何等重要且驚人的嘗試！作者需要何等的學養與勇氣！

（二）

本書作者蓋瑞．哈默爾（Gary Hamel），不是一位大學殿堂中專門寫學術論文的學者，而是一位入世的，要把管理理念帶到企業組織裡面的推動者。因此，他不稀罕哈佛大學商學院「卓越研究員」的頭銜，他更驕傲自己是一個「策士顧問公司」（Strategos）的創辦人與總裁，目的就是要幫助他的顧客變成第一流的創新公司。

他與C.K. Prahalad合著的《競爭大未來》，被媒體誇讚為「九〇年代管理書籍中最有影響力的一本書」。在《哈佛商業評論》發表的論文常被譽為「有原創性的貢獻」。《商業策略期刊》評他為「二十世紀中二十五位頂尖的管理才子之一」。

讀完這本新著，讀者大概會同意，這些讚譽是相當的名符其實。但是由於價值系統、文化背景及產業結構的不同，哈默爾的論點不可能統盤的在東方移植，甚至也是窒礙難行；但我們應當知道，一位頂尖的管理策略專家，如何在向美國的企業家——從矽谷的高科技公司到傳統產業——有時苦口婆心，有時語驚四座，要他們改變現狀，追求創新。他一再鼓吹：不要再做工作團隊中的一名小卒，而要勇氣百倍地做一位「革命份子」。革命份子要掃除守舊的現狀、狹隘的利己主義、盲目地崇拜傳統。他們是叛逆份子，更是理想主義者。在他的詞彙中，革命有理、創新有功。

我樂意先把對本書的綜合評價告訴讀者：

（一）這是在世紀之交經濟與管理領域中，不能不讀的一本重要著作。

（二）書中不斷出現驚人、甚至震撼性的論點—我們可以不同意，但不能不知道。

（三）書中反映出作者豐富的實證觀察、奔放的視野，以及因此而衍生出來的嶄新的建議及結論。

（四）原著的文字流暢，因此引人入勝；但論點顛覆，又會不斷掩卷沉思。

（三）

在經濟思想史上，古典學派把「創新」視為經濟體制以外的因素，如戰爭、災害、人口遷移一樣，並不做進一步的探討。熊彼德則堅持「創新」——企業家利用資源，以新的生產方式，來滿足市場新的需要——是經濟體系之內的一個重要變數，也是促進經濟成長的一個主要動力；因此而衍生出的「創新的叢生」，正說明了二十世紀的重要發明與創新，從汽車、電視、到個人電腦及網際網路。

哈默爾的「創新革命」，是一清二楚地把「創新」在近年來矽谷創業風潮中，賦予新的定位。他開宗明義地指出：矽谷精神不是「e」（電子商務），而是「i」（創新）。創新不是傳統上所認為的開發新產品或採用新技術，而是要運用「新的事業模式」（new business model）。

面對一閃即逝的商機，以及排山倒海而來的競爭，如果自身沒有革命精神，就有被淘汰出局的風險。他提出了「革命三部曲」的警告：你的對手首先搶走你的市場和顧客，然後搶走你優秀的員工，最後搶走你的資產。

要對付這種險局，企業家要冷靜地思考，快速地行動。從他的書中我整理出他的十項觀察：

（一）「在位優勢」（指當前擁有的地位、經驗、資源）不再值錢；過去的經驗更不能視為是未來的指南針。

（二）不要誤把當前的競爭者視為敵人，真正致命的對手還沒有在舞台上出現。

（三）創造新財富的策略不來自執行長或管理者；認為改革必須由上而下是個錯誤的觀念；完成革命理想的不是權力、股票，而是熱情、參與。

（四）革命時代的創新基礎，不僅是來自科學知識、麥迪遜的商業手法，而是人類跳躍式的想像力。矽谷就是發揮想像力的象徵。人必須想到、看到好的、出奇的東西，才肯放棄自己手中已有的東西。

（五）在企業內，比資訊長（CIO–Chief Information Officer）更重要的是創新長（CIO–Chief Innovation Officer）或想像長（CIO–Chief Imagination Officer）。人必須想辦法不斷地讓自己驚訝，變成新奇事物的狂熱

份子。

（六）「創新」不再是「如何」把事情做得好，而是要「做什麼」——用「什麼」新的事業模式，發明「什麼」新的產品。「什麼」才是革命時代的致勝關鍵，從傳統模式中要獲利已不容易，只有徹底地創新革命。

（七）犧牲利潤來刺激銷售成長，就是企業敗象的出現；組織內部只出現好聽的話、守舊的做法，更是另一種敗象。

（八）創造新財富就是要「變」——變得更好、更快、更不一樣、非常不一樣。因此拉大差距，別人才無法立即跟進。

（九）顛覆產業規範的「革命份子」不在枝節上求改進，他們必須拋棄掉舊的產業模式，創造出新的模式。

（十）失敗的公司不再來自成本高、執行差；而是來自缺少新的事業模式，其功能被人取代；就如知識愈來愈重要，但傳統大學的重要性可能下降；銀行功能愈來愈重要，但銀行本身的業務可能逐漸被替代。

（四）

惰性、藉口、安於現狀、缺少鬥志⋯都是中外古今企業失敗的共同分母。公司衰退的跡象也會普遍地反映在利潤下降、成長停滯、策略與競爭者相似、產品缺少特性、服務成本增加、業績無法突破⋯

讓我引述第二章中，作者列舉出公司衰退的主要「託詞」：

（一）「這只是執行的問題。」

（二）「可能是事先未協調好的緣故。」

（三）「集中我們的焦點就沒有問題了。」

（四）「都是政府有關單位的錯。」

（五）「競爭者的做法太不理性了。」

（六）「我們正在轉型的階段。」

（七）「不只我們一家公司，整個產業都陷入困境。」

（八）「我們都是被國外市場拖累的。」

哈默爾毫不含糊地指出：「有時候，某個策略明明已經過時了，經理人卻用各式各樣的藉口不願承認，就這樣拖了好幾年。」

就在大家挖空心思尋找藉口掩飾業績衰退時，這個公司的企業模式正在加速的老化之中；這個公司員工的心智正在加速僵化之中。

在第九章作者討論「創新解答」中，以舊磚與新磚比喻新舊觀念的衝擊。其中有段生動的對話，讓我摘述部分：

舊磚：負責制定策略的是管理高層。

新磚：每個人都能參與創新策略的建立。

舊磚：資訊科技創造競爭優勢。

新磚：非傳統的事業觀念創造競爭優勢。

舊磚：革命具高風險。

新磚：守舊具高風險。

舊磚：我們可以合併以提高競爭力。

新磚：規模與獲利能力之間沒有關連性。

舊磚：創新就是新產品與新技術。

新磚：創新是全新的事業觀念。

舊磚：變革從高層開始。

新磚：變革始於行動主義者。

舊磚：我們真正的問題在於執行。

新磚：我們真正的問題在於漸進主義。

舊磚：整合協力是美德。

新磚：多樣性與差異性是創新之鑰。

哈默爾的提醒：你的公司需要多少時間才能擁抱「新的事業模式」？不要像美國的福特汽車、全錄公司，花了十年時間才趕上國際競爭者。當今天的產業革命份子，在毫無預警下發射出新模式飛彈時，轟然巨響之下，很多公司都只能應聲倒地，回天乏術。

（五）

上面的討論，只涉及到「啟動創新革命」的一部分。由於我們當前的產業急切需要發展出適合自己的「新的事業模式」，筆者就特別花了較多的篇幅來討論「創新革命」的迫切性。

全書共分九章，每一章都值得細讀。對那些追求創新的企業家，第九章提出了具體可行的步驟。在第三章中也指出了一個「事業模式」要包括四個要素：核心策略、策略資源、顧客界面、及價值網絡；同時也討論到支持事業模式的四個決定利潤潛力的因素：競爭、獨特性、合適、與利潤推進器。

哈默爾的著作之所以引人入勝，就是在一個清晰的大架構下，既有文采，又有故事，更有強烈的使命感——鼓舞大家要做一個產業革命份子。書中提到在美國ＩＢＭ與日本新力的龐大組織中，居然也出現了小兵立大功的創新。這些創新被認為是「革命尚未成功，同仁仍須努力」的典範。

（六）

在我國國情下，要啟動創新的革命，當然比西方社會更有阻力。但是，做為不再是落後地區的台灣，做為也已經跨入高所得經濟的台灣，在國際化潮流中，除了創新，台灣別無選擇。

在台灣總體的經濟策略上，追求創新革命的第一步，就是要先剷除阻擋變革的各種有形與無形的障礙。例如當年國民黨執政時的「戒急用忍」與股市護盤，到今天民進黨仍然持續推動，就是阻礙台灣創新發展的最大絆腳石。「錯誤的政策，認真的執行」，不僅反映出資源的大浪費，更反映出時機的大喪失。

讓我們一起記住：企業與政府一樣，沿用舊地圖是找不到新大陸的。只有透過創新革命與新事業的模式，我們才會具有新的視野、新的企圖心、新的里程碑！

美國哲人愛默生早就提出了他的感嘆：「任何時代總有兩方對抗，一方代表過去，一方代表未來；一方堅持現狀，一方堅持前進。」

你的企業在哪一方？你的政府在哪一方？你「自己」在哪一方？

二〇〇〇年十二月

51

《注意力經濟》：用「注意力」做焦距

「注意力是權力」，
善用注意力正是企業增加財富之道。

從「資訊」時代到「注意力」時代

「Attention, please !」這是在西方社會，從莊嚴的國宴到盛大的總統記者會開始前，首先聽到的兩個字。現在兩位美國學者（也是顧問公司負責人）戴文派特與貝克（Thomas H. Davenpart 與John Beck），把「Attention」定位為影響企業成敗的主要因素，寫成了這本具有開拓新領域的「注意力」經濟。對他們這樣的嘗試，應予讚賞；對這本書的內容，也值得大家重視。

ＩＢＭ知識管理學院負責人Larry Prusak 對這本書的評論是：「他們完整地解說了『注意力』如何在知識經濟中的運作。『注意力經濟』這本書讀來令人興奮，又饒富趣味。」

在人類社會，每一個新主義（如三民主義）、新學說（如供給學派）、新觀念（如天下沒有白吃的午餐）、新名詞（如ＷＴＯ），以及新片語（如讀一流書、做一流人），都反映出它的時代背景、社經環境、文化因素、價值觀念以及必須推動的改革。十餘年來，「資訊時代」一詞的出現，起初由於資訊的蓬勃及廉價的提供，受人歡迎；接著網際網路的盛行與電子郵件的無遠弗屆，出現了資訊的氾濫，使人焦慮。媒體中的Information Overload（資訊超載）、Info-Stress（資訊壓力）正就形容資訊過多帶來的煩惱。

當商品的供給過多，超過需要，價格就下跌；

當資訊的供給，超過需要（個人所能消化），注意力就下降。

因此，面對排山倒海而來的資訊（不僅來自網際網路，還有來自電視、廣播、報章、雜誌、書籍等），一個人的「注意力」，就立刻變成了稀有而珍貴的資源。如何支配一個人的「注意力」，如何防止注意力的渙散，如何吸引注意力，如何使「注意力」發揮最大效益等等的課題，就變成了一門新的領域：注意力經濟（The Attention Economy）。

三十年前剛在威斯康辛教書時，當時最大的投資，就是買了一套三十冊褐色封皮的大英百科全書，在每一冊的扉頁上寫著：「讓知識不斷地成長，來豐富人類的生活。」難以想像的是面對知識的普及，人類的注意力因五花八門的誘惑卻遠離了知識。

如果培根活在今天

英國在中世紀初現了一位偉大的哲學家、政治家、律師；他就是大家敬仰也是熟知的培根。在今天盛行的知識經濟討論中，很少人不會引證他的一句名言：「Knowledge is power」。它可以譯為：「知識是權力」；也可以譯成「知識即力量」，這需要看它出現在那一個場合。

把「知識」當「權力」，是在強調他當時的貴族社會，誰擁有知識，誰就容易擁有權力，或者接近權力核心。以一四七二年來說，當時全球最好的劍橋大學皇后學院圖書館，藏書只有一百九十九冊。難怪一世紀以後出生的培根，被譽為「無所不知的學者」，抱怨可讀的英文書籍太少。

但是到了今天，《紐約時報》週日版（二百餘頁）所含的資訊，已經超越了十五世紀讀者可以獲得的書面資料。現在，全球每年出版三十多萬冊新書及四萬種學術期刊，美國每年出版的新書約六萬多冊，美國雜誌超過一萬八千種，全新雜誌又有六百多種。

獨立於網際網路外的電子資料庫在美國達一萬二千以上，湧入美國經理人桌上的訊息每天二百件。在美國白領階級每天平均花在處理電子郵件上的時間就是二小時。

如果培根目擊這樣的資訊爆炸，興奮之餘也許不得不遺憾地說：這就必然會產生「注意力匱乏」（Attention deficiency）。

培根甚至會勇敢地進一步說：「Attention is power.」（注意力是權力）。引伸來說，在消費主控的市場經濟活動中，誰能多獲得消費者的注意力（如買一送一），誰就擁有權力（如市場佔有率）。事實上，政治選舉、電視收視率、球賽、電影、廣告、報紙、雜誌、書籍等所爭取者也就是每一個人的注意力。

本書的主要論點

這本取名為《注意力經濟》的書，並不是以傳統方式把注意力視為另一個稀有生產因素（如石油），來討論如何以最少的注意力，獲得最大的收益。本書是在討論注意力，在企業中的角色以及與相關因素間的互動。

這兩位著述豐富的學者，在每一章中都有相關的引證，及引人入勝的故事。讓我摘引一些值得深思的觀察，誘發讀者的注意力，做為進一步思考的材料：

- 「注意力」已經成為比實際貨幣更重要的貨幣。
- 當大家忙於四處收到的電子郵件，就少有時間專心在思考與反省。
- 美國是第一個患有注意力渙散的社會。諾貝爾經濟獎得主賽蒙（Herbert Simon）說得對：「資訊消耗了接受者的注意力，因此資訊過多就產生了注意力匱乏。」
- 因公務上網的人士中，約有五成在上網時是「公器私用」。
- 注意力有報酬遞增傾向，擁有愈多注意力者（如電影明星），愈容易獲得注意力。
- 注意力的定義就是把集中的精神投注在特定資訊的項目上。這些項目進入我們「意識」，經過篩選，然後決定是否採取行動。「意識」是靶，「注意力」是靶心。
- 注意力管理不是時間管理。成功的企業是精通注意力管理的企業。
- 如果無法評量某件事情，就無法管理它，彼德杜拉克也同意這一看法。
- 傳送一千次類似的資訊，不如傳送一次「與眾不同」的資訊，效果還比較好。

- 注意力的最重要功能還不是在收納資訊，而是剔除資訊。
- 影響公司效率的，常是公司內部把注意力，過度地用在派系、閒話、謠言上。
- 人最渴望的是別人給他（她）的注意力。
- 得來容易的資訊不容易引起注意；自己花時間與金錢取得的資訊，才會受到重視。
- 軟體使用專家Jakob Nielsen認為：「大多數網路學者把使用者的注意力，當成第三世界的國家，可以剝削濫用。」
- 雅虎行銷副總裁Seth Godin說過：「行銷就是一場消費者注意力的競賽。」
- 「資訊疲倦症候群」的症狀就是煩躁、易怒、胃痛、失眠、倦怠……因此必須要設法改善，求取資訊氾濫及注意力的平衡。
- 如果能自由自在、隨心所欲，又不受人注意，就是善用注意力管理的最大收穫。

當企業策略決定時，等於決定了企業的注意力。在書中第九章中提出了不同策略選擇：

（一）把注意力放在市場佔有率或獲利率上？
（二）把注意力放在既有企業的成長上，或多角化經營上？
（三）把注意力放在傳統競爭對手上，或新競爭對手上？
（四）該注意那些新技術？
（五）該注意財務目標，或營運目標？
（六）策略面臨到怎樣的政治環境？要留心那些重要的改變？

當員工收到「太多電子郵件」時，第十一章中也提到一些可以參考的遏止方法，如：

（一）靠某項技術來阻擋電子郵件的進入。
（二）僱用管理注意力的專才來協助員工。
（三）增加教育訓練，減少分散注意力的自衛措施。
（四）制定內部資訊政策，限制寄送非必要資訊，如笑話、運動新聞等，或規定一天之中一段時間可以不受電話及電子郵件的干擾。

（五）限制廠商傳遞資訊，必要時付費傳遞。

善用注意力：自己的體認

由於自己一直在讀書與教書，早年就體會到「注意力」的有限性與重要性。也由於經濟學的基本思考就是環繞在優先次序、機會成本、比較利益、最有利選擇等法則上，自己也就不自覺地歸納出要如何善用「注意力」，簡單地寫出來供讀者參閱：

（一）自己既然不可能讀遍一個領域中相關的書，就只能把自己的注意力集中在一流的書上。

（二）自己不需要恐懼漏掉重要資訊；重要的是不要做資訊的奴隸；也不要濫用注意力，每天不斷地在過濾那些是重要的資訊。

（三）真正重要的資訊，如果你是公司負責人，一定會有同仁再提醒你（如果沒有，你的管理已經出了毛病！）

（四）除非是記者或情報人員，不需要把自己當成「消息最靈通的人」（機會成本太高），但要把自己當成善用資訊的人。

（五）善用「注意力」，就是善於掌握「優先次序」——分清那些是重要的及不重要的。「捨」才會「得」，集中焦距，才能發揮核心優勢。

（六）吸引注意力的捷徑：個人靠聲譽，公司靠品牌，國家靠形象。高貴的人生境界，不是在追求自己的知名度，而是在發揮自己的貢獻度。

（七）商品靠廣告買來的注意力，可以激起一陣火花，但要贏得持久的注意力，就要有持續的創造力。既不易有萬年老店，也不易有百年老貨。

（八）「注意力」本身就是一種機會成本。把二小時的注意力集中在三小時會議上，就不能做三小時的其他工作。

（九）注意力難以聚焦的最大敵人，就是不肯說「不」。做人面面俱到，做事拖拖拉拉，講話拖泥帶水，決策左顧右盼，全患有「注意力匱乏之症」。

（十）不要把「錯」的問題，花很多注意力來解決；注意力既然是稀少的「貨幣」，就要用在值得的事情上。「明察秋毫」的境界，由於機會成本太高，需要三思。

（十一）「共識」與「使命感」是上下一體注意力集中後的產物。當注意力各自分開時，公司就會意見分散，社會容易分歧。

（十二）獲取資訊的原則：不在量，而在質；不在多快速，而在多精確；不在免費提供，而在是否實用。

（十三）優秀的管理者，把少於一半的注意力，對付當前問題；把多於一半的注意力，策劃未來的發展。

（十四）整天忙於救火的公司總裁，一如時時刻刻忙於處理危機的領導階層，一定是陷於水深火熱之中。

（十五）喪失注意力的人，等於喪失了自我；集中注意力的人，才能孕育創新；善用注意力人，才能發揮生命力。

戴上「注意力」的鏡片

企業或個人的成敗原因可以很多，從外在環境到內部管理；但是以「注意力」做為成敗關鍵因素來詳盡評論的，則是本書的重要貢獻。

南加大知名的教授華倫班尼斯（Warren Bennis）即對本書有這樣的評論：「人們在清醒的每分鐘內，就會因資訊過多而苦惱，領導者該如何面對？……看看這本『注意力經濟』，你就能鬆一口氣，還能使領導變得容易得多。」

戴上了「注意力」的鏡片來看企業的運作，忽然一切都變得比以前清晰，它使人撥雲見日，分辨清優先次序。兩位作者把「注意力」看成企業「新貨幣」，就是因為它像貨幣一樣是稀有財，沒有時想擁有，擁有了還想更多；並且也可以用它來作交易及生財。因此，善用注意力正就是企業增加財富之道。

再進一步推論，果真能善用注意力，二十一世紀人類文明的列車就可以：靠適量而廉價的資訊做燃料，靠累積的知識加速，靠古今中外累積的智慧掌握住方向盤。

二〇〇二年一月

52

哈佛校長的警告：為什麼大學生學習到太少？

學生從大學帶走的知識和心智習慣，較少取決於課程內容，而是取決於教學品質。

我讀的是經濟，最關心的是教育。講授經濟是我的專業，討論教育則是我的偏愛。社會上的「貧富差距」使我憂慮，「知識差距」則使我痛心。

凡是與教育有關的議題我都關心：從教育改革、卓越計劃、教育經費、教授治校……到已去世的前教育部長吳京的抱負：「願做多少事就可做多少事」。

近年來我更不斷地呼籲：世界上最令我尊敬的二個稱呼是：「教育家」與「和平使者」；同時我還提出了放諸四海皆準的觀察：

（一）世界上沒有一個國家，因為教育落後而社會進步的。

（二）世界上沒有一個國家，因為教育支出過多，而財政破產的。

（三）世界上沒有一個國家，因為教育屬於少數人，而人民生活安定的。

伯克校長的憂慮完全適用於台灣

當我讀完前哈佛大學校長德瑞克．伯克（Derek Bok）的著作：《大學教了沒？》（*Our Underachieving Colleges*），對他深入的觀察與建設性的建議，如獲至寶，興奮莫名。

曾派駐波士頓文化辦事處文化組組長張善楠博士，也推薦這本書，自薦擔任譯者。他為書寫的導讀：「把每一個大學生帶上來」，精練地綜合了全書精華，值得先讀一遍。

根據自己在美國教書以及在台灣短期任教的體驗，我從內心佩服伯克教授一針見血的批評。

書中指出：當前美國（台灣亦然）高等教育的現況是：大學生從大學帶走的知識和心智習慣，較少取決於課程內容，而是取決於教學品質。因此：

• 課程多、內容嚴謹，不代表學生「學得好」。
• 如果教學品質好、學生的興趣、價值觀或認知能力，會保留得多。

作者更進一步指出：

（一）大學校長與教授們，並不積極及有系統的來改善大學教育品質。
（二）「教學方法」變成了教授個人的特權，難以共同討論及改善。
（三）由於「教學方法」難以改進，使得課程增加，卻不保證學習進步。
（四）大學排行榜與教學品質脫鉤。
（五）國際排名反應的是大學研究聲譽，而非教學品質。

這些令人憂慮的現象活生生地出現在台灣各大學。

這位四十一歲時就接任的哈佛大學校長，擔任了二十年。他的專業是法學博士，也擔任過法學院院長；他的熱情與奉獻是教育。他提出了二十一世紀八個教學目標（見頁三七三，表1）：能力的培養從溝通開始，最後要能增進青年學生的就業能力。

上述八個教學目標，對任何一位教育工作者而言，真是任重而道遠；對任何一位大學生而言，也應當會激起強烈的上進心與求知慾。

伯克校長同時提出了五項改進新世紀的教育方法：

（一）喚起學生的好奇心。
（二）克服干擾學生學習的先入為主觀念。
（三）拋出有趣的問題，鼓勵學生思考。
（四）發展學生思辨的習慣，養成他們敬重慎思明辨的力量。
（五）評估學生是否進步，給學生即時的回饋，幫助學生檢視自己的進展並做改善。

二〇〇七年六月應邀在台灣大學畢業典禮上講話。其中有一段話：

這一個月也是美國大學舉行畢業典禮的日子。如果這是哈佛大學的畢業

表1：八個教學目標

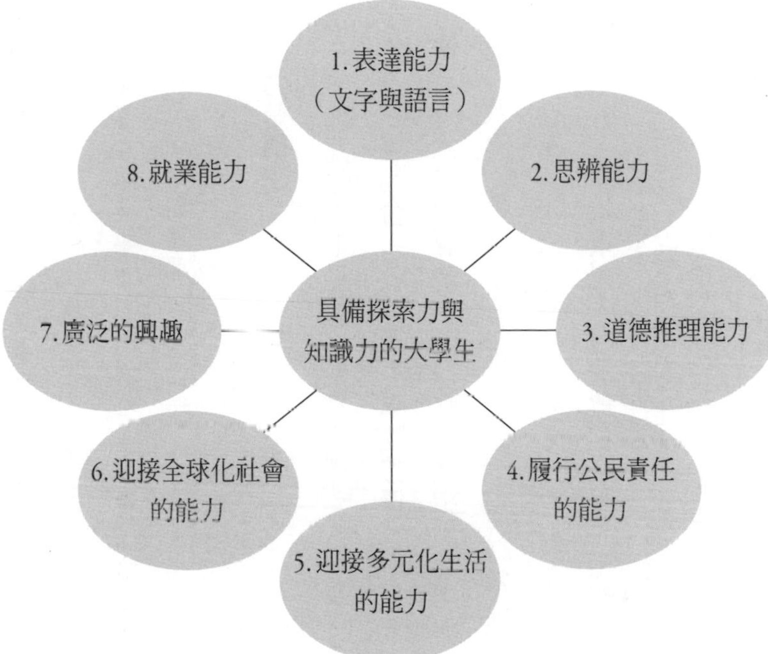
1.表達能力
（文字與語言）
2.思辨能力
3.道德推理能力
4.履行公民責任
的能力
5.迎接多元化生活
的能力
6.迎接全球化社會
的能力
7.廣泛的興趣
8.就業能力
具備探索力與
知識力的大學生

典禮，我猜想演講者還是會鼓吹哈佛所引以為傲的學風：（一）崇真求實。（二）人際溝通。（三）倫理道德。（四）多元智慧。（五）跨域整合。

這個世界在不公平中還是有公平。進了哈佛可以學到這些；不進哈佛，何嘗不可以免費學到這些！

用微薄的力量傳播

遠在一九九〇年十月，《遠見》雜誌就由當時在美國加大洛杉磯校區深造的金傳春（現為台大公共衛生學院教授）策劃下，專訪過在任上的伯克校長。這篇長達六頁的專訪中，他當時就指出哈佛與其他名校一樣，太重視研究、太輕視教學；輕視教學品質的結果，使得當前的大學生學習得太少。

在當前台灣一百六十餘所大學中，也有一些大學，除了關心排名、搶取明星教授之外，開始重視大學的教育品質。元智大學的彭宗平校長就積極推動導生制度（mentor program），借重校外的典範人士來鼓舞元智學生；清華大學在陳文村校長的努力下，已經成立「清華學院」，要創造新的學習與生活環境，培養完整的「清華人」。

這也就是為什麼近年來我常在台灣的高等學府鼓舞大學生要擁有「人文素養」。我常引用威斯康辛大學葛隆納（William Cronon）教授對「人文素養」的看法。這些包括了：

（一）耐心地聽，並且聽到了別人在說什麼。

（二）勤於閱讀且能體會其精華。

（三）可以與任何人溝通，而不顯得外行。

（四）可以寫得很清楚，且有說服力。

（五）遵行彼此的尊重、寬容與自我批評。

（六）自己清楚如何在現實世界中把事情做對。

如果大學生真孕育了這些氣質，台灣下一代該將有何等美好的遠景。我們曾出版過十餘本有關高等教育的著作（見頁三七六，表2），其中幾本也曾引起熱烈的關注。我熱切地希望伯克校長的這本著作——對教學品質的重視——能引起台灣所有人學校長及教授們的共同響應，為我們的大學生提供更好的學習機會。

二〇〇八年一月

表2：天下文化教育類重點書籍

書號	書名	出版時間	定價	備註
GB418	高等教育怎麼辦？	2016/2/26	380	作者：郭位
GB268	大學教了沒？	2008/4/18	400	翻譯書：*Our Underachieving Colleges* 作者：德瑞克・伯克
GB247	大學，不是考上就好	2006/11/15	220	翻譯書：*Wisdom For A High School Grad* 作者：道格拉斯・貝瑞
GB244	打開大門，讓世界進來——給大學新鮮人的一封信	2006/9/18	180	作者：彭懷真・傅佩榮・洪蘭・哈利 R. 盧易斯・張光正
GB227	在槍聲中且歌且走——教育的格局與遠見	2005/10/20	300	作者：黃榮村（前教育部長）
GB220	大學學問大——改善高等教育的27計	2005/6/10	300	作者：湯堯（成大教授）

GB206	大學何價－高等教育商業化	2004/6/18	300	翻譯書：*Universities in the Marketplace* 作者：Derek Bok（前哈佛大學校長）
GB176	第五項修練Ⅳ——學習型學校（上）（下）	2002/7/30	上：500 下：550	翻譯書：*Schools That Learn* 作者：Peter M. Senge（彼得・聖吉）・Nelda H. Cambron McCabe・Timothy Lucas・Art Kleiner・Janis Dutton・Bryan Smith
GB132	學術這一行	2000/1/10	350	翻譯書：*Academic Duty* 作者：Donald Kennedy（前史丹福大學校長）
GB123	吳京教改心	1999/8/30	250	作者：吳京（前教育部長）
GB124	高腳凳上說故事	1999/8/30	250	作者：吳京（前教育部長）；本書已絕版

53

《樂在工作》：「樂在工作」與「優質人生」

「工作」是社會對我的要求；
「樂在工作」則是我對自己的要求。

自我鼓舞

我從來沒有為一本書推薦過三次，寫過三次序。這次的例外，當然來自我對這本書的的情有獨鍾。在台灣這個功利而又不太讀書的社會，一本正正派派、乾乾淨淨的書，能在十四年的時間中，持續地銷售二十五萬冊，算是一個難得的紀錄。

回想十多年前我自己讀到原文時，就被兩位作者優美的文字與雋永的理念所感動。透過尹萍女士的譯筆，可讀性更高。

《樂在工作》（*The Joy of Working*）是由兩位美國著名的行為科學家魏特利（Denis Waitley）與傳播學家薇特（Reni L. Witt）所合寫。他們很有說服力地告訴讀者：如何透過一連串的自我鼓舞與自我追求，可以在工作中得到這些樂趣。

工作的樂趣不是天生而來的，需要靠工作者的自信、毅力、謙虛、堅持……。他們在書中以一個月三十一天的時間，要讀者每一天學習一種進取的觀念。這本書很生動地提供了這麼多令人鼓舞而又實用的觀念，大家都可以從這些觀念中得益。

不能沒有工作的樂趣

人的一生中，可以沒有很大的名望，也可以沒有很多的財富，但不可以沒有工作的樂趣。

工作是人生中不可或缺的一部分。如果從工作中只得到厭倦、緊張與失望，人的一生將會多痛苦；令自己厭倦的工作即使帶來了「名」與「利」，這種光彩也是何等的虛浮。

要從工作中得到樂趣，首先不要讓自己變成工作的奴隸，而要把自己變成工作的主人。無盡止的日夜工作正如無禁止的追逐玩樂一樣的不可取。

工作不是為了生存，而是要把個人的生活賦予意義，把一己的生命賦予光彩。

帶給自己工作樂趣的不是最後達到的終點，而應當是工作的歷程。一個演員的快樂，要來自演戲的過程；正如一個老師要在教學中得到快樂一樣；也正如一個待產的母親，她的快樂不只是來自嬰兒的誕生，同樣地要來自懷孕的期待。

大部分的工作都可以靠訓練來勝任，有些工作則非要靠天賦，如要做一個出色的音樂家、文學家、運動員等，但沒有一項成就不需要經過苦練。

不要忽視成功的代價

世間有形形色色的人，從事形形色色的工作，產生了形形色色的結果。

有人羨慕明星的風采，但掌聲後面有多少辛酸？

有人羨慕首長的地位，但權位後面有多少犧牲？

有人羨慕文學家的才華，但傳世之作後面又有多少掙扎？

有人羨慕企業家的財富，但投資後面又有多少風險？

一般人只看到「一將成名」的榮耀，漠視了「萬骨枯」的代價。

更值得指出的是：被社會上公認為成功的人物幾乎都有一個共同的特徵：他們對工作的熱情與執著。他們從工作中得到樂趣——如地位、財富、冒險的報償、及理想的實現。

在他們的生活中，工作就是樂趣。

做工作的主人

大多數人都是平凡的，但大多數平凡的人都想變成不平凡的人。這是社會進步的一股力量。可是，就當事人來說，就產生了心理上的壓力與情緒上的掙扎。不論我們是否能變成一個不平凡的人，但每一個人都應當從工作上得到樂趣。工作的樂趣如健康一樣的珍貴，但有時比名與利更難得。

工作樂趣的觀念有時繫於一念之間，就能把工作的痛苦轉化成工作的樂趣。此一轉念對個人是煩躁的大解脫，對社會是生產力的大提升。

我一直認為：追求財富常會失望；追求權力常會落空。現在我們再要提倡：追求工作的樂趣正如追求知識一樣，既不會失望，也不會落空。

「工作」是社會對我的要求；「樂在工作」則是我對自己的要求。一位「樂在工作」的人對得起社會，也才對得起自己。

優質人生

在台灣經濟成長快速發展的過程中，大家都付出了可貴的代價。它包括了工作的過勞、生涯規劃的扭曲、健康的耗損及家庭團聚的犧牲；對整個社會所產生的外部成本，至少也包括了交通的擁擠、生態的破壞、資源的消耗、犯罪的增加、人際關係的淡薄等。

因此，當「小康」已經普遍出現在台灣社會時，人民應當要及時修正貧窮時代心理上常出現的貪婪、自私與佔有慾。

優質人生是要在財富與慾望之間取得平衡，最終目的即是要活得快樂。活得快樂比活得富裕更重要。

讓我們來描繪一幅「優質人生」的圖像：

（一）工作要做得出色。

（二）家庭要細心愛護。

（三）財富要取之有道。

（四）言行要表現品味。

（五）消費要知所節制。

（六）時間要合理安排。

（七）閱讀要養成習慣。

（八）有益的嗜好要培養。

（九）公益活動要參與。

（十）永續發展要支持。

這樣的「優質人生」是今天每一個人都可以擁有的。它不需要靠大量財富、權勢、名位來獲得；但它需要一些智慧、一些品味、一些割捨來追求。

這樣追求所贏得的是快樂，而非快感；是分享，而非分贓；是奉獻，而非奉順；最重要的是，我們同時擁有了「樂在工作」的現實層次與「優質人生」的高貴境界。

二〇〇〇年九月

54

生之愛情・死之尊嚴

——瓊瑤以生命寫下：《雪花飄落之前》

這是一本充滿正能量的書！
它在用我最真實的故事，告訴人家，
如何面對「老、病、死」，還有「愛」！
——瓊瑤

四十年前初見瓊瑤

一九七七年暑假在台北，沈君山教授約了我去瓊瑤家喝下午茶。君山既有物理學家的學問，也有才子的瀟灑；學術界、政壇、文創圈都有他很多好友與仰慕者。

對這位名滿華人世界的女作家，我未見過面、沒看過她的照片，也未讀過她的小說，卻聽到過一些充滿想像的書名；並且知道她擁有萬千讀者，當他們看完這一本，就急著要看下一本。

在雅致的客廳中，初見瓊瑤，「美麗、優雅、飄逸」（後面四個字是平先生第一次見面時對她的形容）。歉然的告訴女主人：「一直沒機會讀過妳的小說，看過妳的電影；等退休後要細讀妳這麼多的作品。」

搶先讀到她「生命裡最特別的書」

人生常會有驚喜。第二次見到瓊瑤竟然是四十年後的六月下旬，在我們松江路巷子中的「人文空間」。這個書與咖啡的空間，出現過很多朋友。我與王力行及幾位同事熱切的等待很少露面的瓊瑤來訪。

四十年後，她更是一位華人世界極負盛名的女作家及製片人。大家等待她的新書《雪花飄落之前：我生命中最後的一課》，即將由天下文化於八月出版。

這次見面，我做好了功課。週末居然一口氣讀完了她剛剛完成的新著。這部作品，不再是小說，而是融入了「生死」、「愛」及「新觀念」。瓊瑤從丈夫插管痛苦的貼身觀察、推己及人的博愛之心、細心鋪陳的節奏，在淚水及激動中完成了「一生中最特別的書」。全書情感的敘述，令人感動；理性的討論，令人信服。

比我小幾歲的她，我們一起走過中日抗戰及撤退來台的艱苦歲月。大時代中兩個人走了不同的路，她選擇寫作與影視，我則修習經濟發展；卻沒想到此刻在「新觀念」的提倡上交會。瓊瑤寫著：「青春已逝，個性中那股燃燒的特質依然故在！」如果她也學經濟，那麼在我孤單的奮鬥傳播進步觀念的戰場上就多了一位將軍。

瓊瑤以刻骨銘心照顧丈夫病情的親身經歷，提出「善終權」的新觀念。

在新書的尾聲中，她以堅定的語氣告訴讀者：「打前鋒提出『新觀念』的人，都是抱著犧牲精神的人！」這種認知，深獲我心。

對「生死」的看法

關於「生死」，大家都看過各種描述：

- 不能選擇「生」，至少可以選擇「死」。
- 大陸文革時期，「我都不怕活，還會怕死？」
- 人生的淒涼：「求生不得，求死不能。」
- 安樂死、尊嚴死，是病患最後的解脫。
- 不怕死，只怕不死不活。
- 瀟灑的生與死，引瓊瑤的話：「生時願如火花，燃燒到生命最後一刻。死時願如雪花，飄然落地，化為塵土！」
- 我這個「書生」的「生死」觀有些特別：
- 人生的終點，不是死亡，是與書絕緣的那刻；
- 人生的起點，不是誕生，是從「愛書如命」那刻起。

作者瓊瑤與出版者平鑫濤曾經歷過「你追我逃」的折磨，十六年的等待後終於結婚。瓊瑤是一位空前的暢銷作家，平先生是一位有創意的、專注的出版家與製作人，對讀者及市場有敏銳的判斷力。「二者」的結合昇華為牢不可破的「命運共同體」。雖然婚姻裡有「戰爭與妥協」，但大多數時刻是快樂與幸福相隨。瓊瑤常以「五十年如一日，他對我的用情只會愈來愈深」，描述他們的相處。

此刻，病中的老公，「一步步離我遠去，用遺忘我的方式離我遠去……」她告訴讀者：「這本書，不是年輕人轟轟烈烈的戀愛……是一對恩愛的老夫老妻，如何面對『老年』、『失智』、『插管』、『死亡』的態度，是我生命中『不可承受之重』！」

十年未醒的沈教授

當瓊瑤在痛苦的提倡「善終權」時，我當然立刻想到最有力、也是最不忍的例證，就是前清華大學校長沈君山，正好也是瓊瑤半世紀以來無所不談的好友。

二〇〇七年七月沈教授三度中風，手術清除血塊後，至今未醒，就靠插管維持生命，已整整十年。每次與幾位好友去探望，他就是無意識的躺著，沒有奇蹟發生。

在三度中風前的二〇〇五年九月，君山在聯副文章中指出：經過了二次中風，已草擬了一份「生命遺囑」：「（1）此傷害使本人陷入長期痛苦，而無法正常生活之狀態。（2）此狀態將無法復原。（3）維持延續生命對家人及社會造成沉重之負擔。本人希望以積極方式有尊嚴的走完人生。」他自己更寫過：「打了折扣甚至沒有生活的生命是不值得活的。」

二次中風後，君山幾次提及，不要像他的恩師吳大猷院長那樣，痛苦的在加護病房度過兩三個月。君山把死亡看得很瀟灑，沒想到儘管已有了「生命遺囑」，但要不要插管時，君山的家人（包括來自大陸與美國的）意見紛歧，出現了曾聽過的「天邊孝子症候群」。十年來，這位熱愛生命、才情橫溢的才子一直沉睡不語。二〇一五年元月，馬總統再赴清大探望沈教授。面對無法言語的老友，馬總統贈送了國旗圍巾。君山最大的遺憾應當是：好友做了七年總統，他竟然一無所知。這使得十年前不同意插管的最親的人，只能無語問蒼天：活的尊嚴在哪裡？

瓊瑤親自經歷了她摯愛的丈夫的病痛與插管，給兒子和兒媳的信中寫著：「你們不論多麼不捨，不論面對什麼壓力，都不能勉強留住我的軀殼，讓我變成『求生不得、求死不能』的臥床老人。那樣，你們才是『大不孝』！」

信中列舉了五項囑咐：不動大手術；不送「加護病房」；絕不插「鼻胃管」；不在身上插入各種維生的管子：氣切、電擊、葉克膜……急救措施全部都不要。結語是：「幫助我沒有痛苦的死去，比千方百計讓我痛苦的活著，意義重大。」

二位有才情的學者與作家，對接受死亡的看法是如此「浪漫」的相似。

「新」獨立宣言

一年前我開始提倡「新」獨立宣言，以退休年齡的身分宣布「人人必須尋求自己的經濟獨立」。宣言中有五個階段論，讀了瓊瑤新著增加了「第六階段」：

第一階段：求學階段，自己功課自己做。

第二階段：踏入社會，自己工作自己找。
第三階段：建立家庭，自己幸福自己建。
第四階段：事業奮鬥，自己舞台自己創。
第五階段：夕陽餘暉，自己晚年自己顧。
第六階段：告別人間，自己善終自己定。

傳播「死的尊嚴」

二十八年前（一九八九年），天下文化出版了我的一本書：《追求活的尊嚴》。自序中的最後幾句話是：

有品質的生活、有保障的生活、有選擇的生活，才是活得有尊嚴的生活。

瓊瑤這本書，使我驚覺到，最後一句話不夠周延，應當要包括「死得有尊嚴的生活」。

瓊瑤自己也可能沒有想到，一生被認為是最受歡迎、最會寫青春愛情的作家，竟然此刻變成了傳播人生「新觀念」的提倡者。

摘引二段她用情至深的話：

當你最愛的人，生命將盡時……不是用各種管線，強留他的軀體，讓他為你那自私的不捨，拖著逐漸變形的軀殼，躺在床上苟延殘喘！

……一字字用血淚寫出的「真實」，能夠喚醒很多沉睡的人們！能夠療癒有同樣苦楚的心！還能提醒醫療界，重視「加工活著」這件事！重視患者的「善終權」！

瓊瑤的小說、電影、電視劇，使海內外成千上萬的讀者與觀眾著迷！這就是來自瓊瑤半世紀以來，跨越時空所擁有的故事魅力、文字魅力以及內心深處蘊藏的愛的魅力。

如果「善終權」的提出，能像她的小說那樣橫掃千軍，推廣實現，那麼社會也許會出現美滿的人生：生之愛情與死之尊嚴。

二〇一七年七月

55

張作錦：《誰說民主不亡國》

在世界舞台上，大陸已與美國分庭抗禮；
台灣只能自求多福。
如果還有一些人堅持仍要鎖國，不要與大陸多來往；
那麼台灣真就會加速走上衰落之路。

一九七〇年代我常利用暑假回台參與李國鼎先生主持的經濟發展研究，偶有機會投稿《聯合報》，認識了當時的張作錦總編輯，立刻變成了理念接近的朋友，展開了我們四十多年的莫逆之交。

作錦兄在一九六四年政大新聞系畢業後，即投身《聯合報》，從高雄特派記者起步，四十三歲即升為總編輯（一九七五～一九八一），然後赴美進修，並調任《世界日報》紐約總社總編輯（一九八一～一九九〇），九〇年再回到台北，先後擔任《聯合晚報》、香港《聯合報》、《聯合報》社長等職。在聯合報系全盛時期擁有五千多位同事，作錦兄是極少數能擔任這麼多重要職位的人。

創辦人王惕吾愛才惜才，作錦兄以全方位的聰敏才智，熱情奉獻。對一份報紙，最大的貢獻是要來自新聞內容及編採；這正是作錦兄的最大強項：找新聞、編報紙、寫評論以及發掘及培植優秀記者是一生最愛，也是他一生最大的貢獻。

不僅他有敏銳的新聞感，更有深厚的文史底蘊及廣闊世界觀。他日以繼夜的投入，參與打造了聯合報系輝煌的歷史，成為全球頂尖的華人報業。聯合報系是他一生唯一獻身的工作機構。

提出五項大觀察

作錦兄在聯副「感時篇」專欄寫了二十七年（一九八七～二〇一四），風靡海內外。他做為天下文化的創辦人之一，自然要由我們出版這二本選集，一本為《誰說民主不亡國》（共九十六篇）；另一本《江山勿留後人愁》（共一百一十篇）。在過去二十多年，我們曾出版他九本著作，從一九八八年的《牛肉在哪裡》，到二〇一二年的《誰與斯人慷慨同》。

這二本新書所跨越的二十七年，正是兩岸經濟起飛與民主發展的關鍵歲月。台灣這邊，民主浪潮席捲一切，兩岸關係從李陳的「兩國論」到馬英九的「不統、不獨、不武」；大陸那邊，在改革開放與全球化推波助瀾之下，快速成長，已在全球經濟棋盤上舉足輕重；美國則在外交受挫內政受阻下陷入「相對衰退」（relative decline）。

二本書中匯集的二百篇文章，是以台灣政治、社會、文化、歷史等主題為評論焦點；以兩岸關係、大陸崛起、美國政情等做為背景比較。現就第一本書稍做評述。它分成五部，每部所定的標題，正反映出作者思維的大脈絡，可稱之為「對兩岸時局的五項大觀察」：

第一項觀察：台灣，成於民主，敗於民主？

其中「請外省政治人物全數退出政壇」，「請王金平離開立法院」都是充滿道德勇氣，傳誦一時的評論。

第二項觀察：政客收買選票，百姓零售國家

評論指出：台灣應當要有「執不執政的黨，都必須是負責任的黨」，事實上看到的卻是「不管是什麼，我都反對到底」。因此「國家領導人困死於政治壓力」，「官民合力使台灣破產」。這就是二〇一六年一月總統大選前的淒慘實況。有人好奇地問：為什麼還會有人要去選總統？

第三項觀察：台灣只能是「短暫的富裕」？

剛去世的李光耀，在其去世前的著作中，眼下已無台灣。作者問：「台灣的大亂又要開始了？」我的看法：台灣長期經濟下滑，就像絕大多數歐美國家（它們的經濟成長率大都在一～三％之間），從一九九〇年李登輝推動民主化就開始。高度威權的中共可以維持較高的成長，低度威權的新加坡也可維持比其他三小龍較高的成長。民主的代價就是犧牲二至三個百分的成長率。

第四項觀察：自由而無秩序，終將失去自由。

環繞這項觀察，作者有二十七篇文章來反覆討論。流行的「媒體誤國」論誇大嗎？作者提出：「新聞『製造工業』仍未夕陽」，「專業記者愈來愈難找了？」；作者更問「什麼樣的『人』辦報才好」，「沒有人性才能做傳媒」。

第五項觀察：獅，醒了；龍，怎樣了？

面對「統，不願；獨，不敢；維持現狀，不甘」，作者提出了「大陸現代化是統一條件」，「贊成以公投決定台灣統獨」。當前的狀況是：在世界舞台上，大陸已與美國分庭抗禮；台灣只能自求多福。如果還有一些人堅持仍要鎖國，不要與大陸多來往；那麼台灣真就會加速走上衰落之路。如果「兩岸一家親」，資源相互合作、整合，讓台灣跳在大陸的肩膀上，雙方互補互利，那麼台灣還有機會靠經濟實力，維持相當尊嚴。

三十年來睡獅醒了，也開始發威了；小龍在民主民粹的困境與僵局中，已是欲振乏力了。

才華令人折服

在典範人物缺少的台灣社會，作錦兄是少數之一。

在政壇及新聞界，君子已是鳳毛麟角，作錦兄是少數之一。

當「星雲真善美傳播獎」於二〇一〇年第二屆選出他獲得「終身成就獎」時，大家都認為名至實歸。

在一九五〇～六〇台灣兩岸對峙動盪不安的年代；在六〇～七〇台灣經濟起飛意氣奮發的年代；在八〇後台灣民主化夾雜民粹的「寧靜革命」中不寧靜的年代；在九〇後大陸和平崛起，台灣內部分裂，兩岸關係不確定的年代；作錦兄或在現場報導，或在編輯台上取捨新聞，或埋首撰寫重要評論。

作錦兄是台灣社會及新聞事件半世紀變化中，站在前線的見證人。他這些銳利生動的評論，使海內外讀者宛如身歷其境。沒有人不被他的才華折服，似乎又很難不引起迷惘。這就需要廿一世紀中國人、台灣人、華人做深刻的反思。

二〇一五年四月

56

王力行：《請問總統先生》

在複雜競爭的媒體生態中，
她一路走來，只選擇走對的路，做對的事。
她是一位卓越的新聞工作者、
一位堅持原則的文化人，
一位貢獻台灣的代表性人物。

重要的政治人物

凱因斯曾經說過，影響歷史軌跡的是「觀念」。再進一步推論，影響歷史軌跡的是提出及推動那些觀念的人物。那些人物，有些在創造歷史，有些在改寫歷史，有些被歷史拋棄，有些則被歷史淹沒。禁不起歷史考驗的人物，與其埋怨歷史無情，不如承認歷史的公平。歷史的天秤是可以顯現真假善惡、是非黑白的。

在中國近代史上，重要的政治人物包括孫中山、蔣中正、蔣經國、毛澤東、周恩來、鄧小平等。在近年的台灣，則為蔣經國、李登輝、孫運璿、李國鼎、李煥、郝柏村等。在台灣的這些重要人物都有他們的貢獻，但他們不是聖賢，也不是完人。一些可議之處，經過一些媒體的渲染，就使求真的讀者無法瞭解真相，助長這一現象的是中國傳統上的「為政不在多言」。

根據筆者瞭解，經國先生擔任總統以來，從未接受過本國媒體的專訪。郝柏村將軍更是從未接受過中外媒體的訪問。

在這樣的環境下，對一位新聞從業人員的挑戰，或者說夢想，就是能採訪到那些簡直無法採訪到的人物，提出絕少有機會可以直接詢問的重大問題，然後向讀者提供第一手的報導。

挑戰與夢想

《請問總統先生》作者王力行女士，自一九八六年擔任《遠見》雜誌創刊總編輯以來，接受了這個挑戰，也逐漸實現了這個夢想。

在她訪問的十六位人物中，除了剛就任總統的李登輝先生外，囊括了影響台灣前途的黨政軍首長及青壯領袖，如俞國華、林洋港、李煥、郝柏村、李國鼎、錢復、毛高文、孫震等。

試舉她專訪中的幾個實例：

（一）一九八七年十一月蔣總統的專訪中，王力行提出了涉及大陸政策、中國統一、領導人才、行政效率、全民共識、個人健康等十一個迫切問題。

蔣總統的答覆，正如一位參與其事的左右所說：「字斟句酌，費了不少心思。」這二千六百餘字的答覆，變成了經國先生一生之中對重大問題所表示的最後看法。他去世後，左右親信倉促寫成的一四二個字的遺囑，還需要參考這份字斟句酌的訪問。

（二）在郝總長的專訪中，提出了二十一個問題，環繞著軍人干政、中共威脅與他自己的憂慮與信心。

郝總長說：「企圖心之強，我承認有；野心之強，坦白說，我沒有。」這個答覆，中外媒體競相報導，「強烈的企圖心」，一瞬間在台北也變成了某些階層的口語。美國國務院也立刻收到了一份完整的英譯專訪稿。

（三）在長訪國民黨祕書長李煥時，李祕書長對俞內閣的去留說得很清楚：「只有李總統與李代主席可以決定內閣去留。俞院長可能樂意做到這一任總統任期期滿。」

如果讀者讀到一九八八年《遠見》雜誌五月號四十八頁上面的這段話，不正就是當前的局面嗎？

（四）經國先生去世後，章孝嚴、章孝慈兄弟的身世，再度變成話題。

外交部章次長說：「最近許多報導，把過去的事實做了太多的扭曲和惡意的影射。孝慈和我商量後覺得應該直接來說幾句話，以免以訛傳訛，真相被淹沒，而大眾被欺騙。」王力行在「章孝嚴首次親述童年、成長、抱負」的多次訪問中，孝嚴兄弟第一次證實了舉國痛失領袖的時候，他們也同時痛失了父親。章次長說：「我對總統充滿了尊敬。」「我對他老人家只有愛。」提及敏感的「歸宗」問題，章次長說：「現在不是談這個問題的時候。」

躍然紙上

透過了王力行敏銳的觀察、第一手的專訪，十六位受訪人物的機智或木訥、坦率或者迴避，都躍然紙上。讀者因此對這些人物就容易有更深的瞭解與更佳的判斷。

在王力行長期的新聞工作生涯中，她早年參與過受人推崇的《綜合月刊》的編務，擔任過《婦女》雜誌的主編，稍後擔任過《中國時報》駐香港辦事處主任及《時報雜誌》副總編輯。

一九八一年我們共同創辦《天下》雜誌時，她擔任副總編輯，一九八六年《遠見》創刊，她出任總編輯。

在她的新聞工作理念中，她追求的是「正確、公平、客觀、理性」。她不相信只有壞消息才是新聞，只有「扒糞」才顯現出勇敢。她更不相信新聞事業會變成「製造業」或者「修理業」。

在她謙和的態度中，對新聞報導與寫作有一項堅持：「寧可走對的路，不要隨著時尚錯。」因此，在她每一篇專訪中，不會有時下流行的刻薄辭句、聳動的標題、不尊敬對方的傲氣、獨家專訪的自得。

《紐約時報》資深記者賽爾勃雷（Harrison E. Salisbury）曾寫過六百餘頁的一本書，評述他自己工作的《紐約時報》。他的書名是《沒有恐懼，沒有偏袒》（*Without Fear or Favor*）。《紐約時報》的這句座右銘，也是王力行用來自勉的。

《請問，總統先生》是王力行女士從事新聞工作以來的第一本書，遲來的作品常常是更值得細讀。（一九八八年九月）

◎◎◎

自從「蔣總統專訪」發表後，王發行人的表現持續令人矚目。

三十五年來我們一起創辦了十餘個事業體：天下文化出版公司、《遠見》

雜誌、小天下出版公司、《30》雜誌、《哈佛商業評論》全球繁體中文版、遠見研究調查、天下遠見讀書俱樂部、《未來少年》雜誌、《未來兒童》雜誌、《未來Family》雜誌、93巷人文空間、遠見創意製作、50Plus、問道等。我們與三百位同事，透過各種學習及閱讀平台，在海內外傳播進步觀念。

在她擔任總編輯十三年中，堅持公正與客觀的立場，專業與學習的態度，培養出幾十位優秀出版人才，目前均擔任重要出版公司的負責人。《遠見》雜誌一九九四年「新台灣人」封面故事，於一九九五年創下同時獲得「雜誌報導金鼎獎」與「雜誌公共服務金鼎獎」首例。進入二十一世紀以來《遠見》雜誌主辦之「全球華人企業領袖峰會」、「企業社會責任獎」、「縣市首長施政滿意度」調查均已產生深遠影響。

凡是與她相識的朋友及讀者，都會感受到她謙和、親切、淵博、專業的風範。近年特別提倡終身學習、人文情懷、軟實力、減少數位落差等議題，也常赴海外華僑較多之地區演講；在繁忙的生涯中，已出版及主編了九本著作。代表作為：《請問總統先生》、《無愧——郝柏村的政治之旅》、《寧靜中的風雨——蔣孝勇真實的聲音》、《三人行看台灣新價值》（與張作錦、高希均合著）、《字裡行間》等。二〇一二年適逢天下文化三十週年，出版《前進的思索》套書，王力行的著作為《與時代對話》。

在本身繁重工作外，她仍積極參與多項公益活動，先後擔任世界女記者與作家協會中華民國分會會長、國際職業婦女協會台北分會理事、台北書展基金會董事、中央社董監事等；她也是名至實歸地在政大八十周年校慶時，一次推選出自創校以來的八十位「風雲校友」之一。

二〇一七年五月更新

附錄

創立三十五年的遠見天下文化事業群，現今有三百位志趣相近的知識工作者參與。創辦人高教授與王發行人最喜歡與新進的年輕同事講話，鼓勵年輕人培養創意，跟上時代腳步。

高教授也常挪出時間，赴大陸及東南亞各地傳播進步觀念。

本附錄收錄兩部分，一給大學畢業生演講文，有台灣大學、清華大學及母校中興大學三篇。另收錄二位友人讀高教授其人，有孫震與林祖嘉二教授。他們君子相交逾數十年，所撰之文皆能呈現高教授憂國憂民之心；實際上，他又是一個樂觀主義實踐者，鼓舞每個人都要有決定自己命運的抱負。

—編按—

附錄一

做一位出色的台大人

——五個自我要求與五道門檻

二〇〇七年六月，台灣大學畢業典禮致詞全文

高希均

教育是「軟實力」的根源

做為一輩子的教書人，還是希望對那些畢業同學在離開母校之前，再做最後一次的叮嚀。今天有八八一三位台大同學畢業，其中一半多是大學畢業；另外有三四七〇位取得了碩士學位，四六三位取得了博士學位。今年的畢業班裡日後一定會有像田長霖、許倬雲、孫震、白先勇、黃達夫、溫世仁、羅曼菲等等這些傑出校友的出現。這是台灣大學對社會最具體的貢獻。

北大人說：「北大的命運，就是中國的命運。」

台大人可以引伸地說：「台大人的成敗，就是台灣的成敗。」

台大的畢業生幾乎囊括了各領域大部分的頂尖人才；幸虧還不是「贏者通吃」。去年底，《遠見》雜誌在外商大調查中問他們最佩服的企業家，依序是王永慶、郭台銘與張忠謀。

剛好三十年前（一九七七年），我到台大商研所擔任講座教授，「天下哪有白吃的午餐」一文就是在那一年寫的，當時引起不少討論。這個觀念十分平實，但十分不容易落實。

三十年後的今天，還值得跟大家分享，因為「白吃午餐」還是盛行。這就警告讀書人：要傳播進步觀念，就會不斷地遇到挫折。

「白吃午餐」是在告訴我們：

（一）什麼事情都要付出成本，世界上沒有不勞而獲的事。

（二）羊毛出在羊身上，不要誤以為自己可以一廂情願的佔便宜。

（三）魚與熊掌不可得兼，必須要在二者之中做一痛苦的選擇。

（四）追求任何政策目標，不能空開支票，任何政見兌現必須付出代價。

（五）即使自己沒有支付，即使這一代沒有支付；也一定有別人以及下一代在為你支付。

近三年來我又在鼓吹另一個觀念。那是哈佛大學奈伊教授所提出的「硬實力」與「軟實力」。「硬實力」是指一國以軍事上的強勢來壓制對方，完成國家政策目標；「軟實力」是指一國以其制度上的、文化上的、政策上的優越性或道德性，展現其吸引力。硬實力的代表是飛彈、戰機、潛水艇；軟實力的象徵是民主、法治、人權、平等；更反映在社會開放、藝文蓬勃、生活品質、環保普及等各層面。

「軟實力」是使別人喜愛、羨慕、學習的一種實力。軟實力的使用是民主政治的特徵。當領導人具有道德情操、文化素養、政治願景，以及切實可行的政策，軟實力就會創造政績。

當一九八〇年代「日本第一」的稱讚橫掃西方世界時，歐美學者在驚駭中冷靜地問：「全世界最好的大學、研究所、企業研發中心、科技中心、博物館、交響樂團在哪裡？最好的科學家、經濟學家、工程師、醫生、建築師、藝術家、音樂家在哪裡？」答案是絕大部分不在日本。他們得到了一個可以急起直追的結論：「日本的『軟實力』還不強，要變世界第一，還有很長的路要走。」接著一九九〇日本發生了「失落的十年」。

在人類的文明史上，最受人尊敬的是那些擁有「軟實力」的偉大人物：莎士比亞、牛頓、貝多芬、莫札特、愛因斯坦、馬丁羅瑟金恩；他們散發了歷久彌新的智慧光芒，他們對後代子孫充滿了吸引力，他們留下了最珍貴的遺產：文學、音樂、科學、民主思想、人權平等。近代中國出現了孫中山、胡適、張大千、貝聿銘、楊振寧、李政道。

五個自我要求

面對難以預測的二十一世紀，在你們成長的二十多年中，台灣經過了三個關鍵性的階段：一九八〇年代啟動的「民主化」，一九九〇年代出現的「全球化」，以及近十年處處逼近的「邊緣化」。

二〇〇七年的畢業生，經歷了民主的洗禮、全球化的浪潮，此刻卻生活在被邊緣化的陰影下，那麼，你們要如何自衛？如何突破？我建議五個「自我要求」：

第一：靠自己的專業，立足社會。

第二：靠自己的人品，受人尊重。
第三：靠自己的終身學習，不落人後。
第四：靠自己的愛心，參與公益。
第五：靠自己言行一致的示範，關心地球，特別是第三世界的貧窮與疾病。

跨越五道門檻

與其他先進國家比，我們的年輕人最需要自我增強的是：外語能力、人文素養及世界觀。

講得更具體些，我希望現代的年輕人都是杜拉克所謂的「知識人」（knowledge worker）。我要以一位英年早逝傑出的台大校友溫世仁為例。他是一九七〇台大電機系畢業，次年進台大電機研究所，不幸於四年前去世。他的去世，帶給台灣與華人世界極大的損失。台大要引以為傲的培養出了這樣一位全方位有成就的人。與他十餘年的交往使我了解到他受人尊敬的根本原因，就是他跨越了五道門檻：（一）跨越了科技門檻，擁有了人文心。（二）

跨越了本土門檻，擁有了世界觀。（三）跨越了兩岸門檻，擁有了中華情。（四）跨越了財富門檻，擁有了奉獻熱。（五）跨越了意識型態門檻，變成了大格局的新台灣人。

這正是一個出色知識人展現的氣質與視野。在此刻的台灣，「出色」還要有一個新的註解：「出色」是超出「顏色」，以及「色盲」。台大人的人格特質是不問藍綠，只問對錯；不講立場，只講是非。

哈佛的學風

這一個月也是美國大學舉行畢業典禮的日子。如果這是哈佛大學的畢業典禮，我猜想演講者還是會鼓吹哈佛所引以為傲的學風：（一）崇真求實。（二）人際溝通。（三）倫理道德。（四）多元智慧。（五）跨域整合。

這個世界在不公平中還是有公平。進了哈佛可以學到這些；不進哈佛，何嘗不可以免費學到這些！美國人說，被拒哈佛門外的股神巴菲特，幸虧沒有進哈佛，否則美國社會可能多了一個象牙塔內的蛋頭教授，但二〇〇六年就會少了他捐獻的三百六十一億美元（二〇〇六年我國教育部主管的高等教育預算約為八百六十億台幣，相當於二十六億美元）。

美國著名詩人佛洛斯特（Robert Frost，1874–1963）有一首傳誦當代的詩：The Road Not Taken，我要引用最後兩句送贈給諸位：

I took the one less traveled by,
And that has made all the difference.
我選擇人跡較少的一條路，
自此面對截然不同的前途。

各位親愛的畢業同學，台大人不趕時髦，不湊熱鬧，不一窩蜂；台大人獨立思考，探索創新，奉獻回饋。藍色的海洋與綠色的大地正等待著你們用心的投入。

附錄二

做一位「內外」兼顧的知識人

二〇一二年六月，清華大學畢業典禮致詞全文

高希均

一九五四年我參加大學聯招時，台灣只有一所大學，三所學院。新竹清大在我讀大三的時候創辦，避掉了「我沒考上」清大的失望。

今天首先要向一千四百二十六位清大同學取得學士學位，表達道賀。當你們獲得了一所卓越大學的文憑，你已經比大多數的年輕人領先出發了。以後的路程，以後的速度，就要靠你們自己的選擇。

我一生的工作，就是讀書、教書、寫書。每當有機會要和畢業同學講話時，我當然會先做一些功課。美國媒體告訴我：近年來有兩篇「畢業致詞」被認為是特別傑出的。

一篇是賈伯斯在二〇〇六年史丹佛大學講話。結尾中的二句話大家一定很熟悉。Stay hungry（求知若渴），Stay foolish（虛心若愚）。

另一篇是哈利波特作者羅琳（J. K. Rowling）女士在二〇〇八年六月的哈佛演講，她細述「失敗」帶來的好處以及「想像力」的重要。

擔任畢業典禮講話的人，深怕講錯了話，會影響年青學子的一生。羅琳女士坦率地承認：「不要擔心，我根本記不得我畢業典禮中致詞者講的任何一句話！」

這給我很大的勇氣，向大家繼續講下去。

三種可能的答覆

今天的題目是「內外兼顧的知識人」。如果要問聰敏的清大同學，「內外兼顧」是指什麼？我想可能會有三種有趣的答覆：

（一）「內外」兼顧是指：內心思維要與外在世界和諧相處。

（二）「內」是指要家庭美滿；「外」是指事業有成，二者要同時並進。

（三）「內」是指對本國的事很關心，所謂本土化、在地化；「外」是對外國的事很注意，所謂全球化、國際化；也就是本土與國際連接。

這三個解釋都很合情合理，但因為我的題目是指「內外兼顧」的「知識人」，我所要講的是：我希望清大畢業生都能夠做到：

（一）專業內要「內」行。

（二）專業外不「外」行。

我就是希望每位清大人是兼具專業與通識的知識人。也就是陳校長勉勵大家要「具備科學與人文素養的清華人」。這樣的勉勵也早融入你們在清華四年的教育規劃中，如跨領域學程、通識課程、不分系雙專長計劃、國際志工、國際交流學習等。半世紀前我們讀書時的大學課程，全是狹義的專業科程，畢業後就變成了通識的文盲。

自己最痛苦的發現是在美國讀了五年書，二十八歲去威斯康辛大學教書，從經濟系的助理教授開始，那是一九六四年。每到星期天打開二百多頁的《紐約時報》的星期天版，就會發現其中一半的題材是看不懂的，如科學、宗教、藝術、音樂、建築等等。

在「咖啡時間」（Coffee break）聽美國同事們談到他們觀賞過的歌劇、畫展、球賽，以及注視的國會立法及社區發展等時，就像啞巴一般無從加入。我就強烈地體會到：僅有一些專業領域的知識是不夠的，自己必須要把知識領域擴大。

在相識的美國同事中，很快發現，除了專業知識，他們都喜愛音樂、體育、藝術、歷史、文學、宗教，這即是我日後嚮往的所謂「文藝復興之人」（Man of Renaissance）。他們的淵博提醒自己專業外的不足。這即是為什麼我認為通識教育的重要，一定要讓在美國出生的兩個孩子在大學接受完整的 Liberal Arts 課程；這也是為什麼我要向大家鼓吹：專業內要內行，專業外不外行。

圓滿的人生

與年輕朋友交談，我常向他們提醒，不要羨慕那些大官、巨商、新貴；而是要學習那些專業以外也不外行的人！學習他們在專業中，可以沉醉其中；學習他們在專業外，也享有人文情趣。

對專業以外的人與事，對專業以外的知識與環境沒有時間及興趣去了解，就會變成專業外的孤獨，甚至變成專業外的「文盲」。

一九八〇年代的美國社會曾流行過「功能性文盲」（functional illiterate）一詞，它是泛指那些缺乏處理生活及周邊環境能力的人：如不會讀家具組裝的說明書，不能修理家中水電的細微故障，不會填報所得稅。把西方社會這種「實用性」的定義用到台灣，我就擔心愈會用筆考試的年輕學生，愈不會用手來處理生活上的問題，愈少有心來關心自己以外的世界。

要判斷一個人的一生成就，只要認真觀察他自身是否擁有較高的學習意願、較強的反省能力、較大的包容態度、較深厚的專業知識，以及持久的閱讀習慣。

一個沒有學習能力的個人，他（她）的知識水準就會停留在二十歲左右的大學時代，他（她）的心智成熟也就停留在青少年時期，這將是一個多麼殘缺的人生！

人的一生就是在尋找各種因素的平衡：家庭與工作，所得與休閒，儲蓄與消費，小我與大我。要做一個內外兼顧的人，我想七成或八成時間用於「專業」，二成到三成時間用在吸取「專業外」的知識；否則，就容易變成「太多專業，太少人味」。

一個圓滿的人生是指：專業領域內是內行，專業以外也不外行。

面對「資訊超載」的叮嚀

——用「注意力」（Attention Economy）克服。

現在年青一代最使自己困惑的一個問題大概是資訊太多，時間太少，即所謂Information over-load（資訊超載）。要減少這種困惑，二位美國管理專家（T. H. Davenport, J. C. Beck）十年前提出了一個很實用的觀念：就要善用「注意力」，克服資訊超載的焦慮，「注意力經濟」（Attention Economy）一詞也就應運而生。

「注意力」的定義就是把精神集中，投注在特定資訊的項目上。這些項目進入我們「意識」，經過篩選，然後決定是否採取行動。「意識」是靶，「注意力」是靶心。

- 「注意力」的最重要功能不是在收納資訊，而是剔除資訊。
- 得來容易的資訊不容易引進注意；自己花時間與金錢取得的資訊，才會受到重視。

- 「資訊疲倦症候群」的症狀就是煩躁、易怒、胃痛、失眠、倦怠。
- 諾貝爾經濟獎得主賽蒙（Herbert Simon）說得對：「資訊消耗了接受者的注意力，因此資訊過多就產生了注意力匱乏。」當大家忙於四處收到的電子郵件，就少有時間專心在思考與反省。
- 注意力有報酬遞增傾向，不能濫用注意力。

由於經濟學的基本思考就是環繞在優先次序、機會成本、比較利益、最有利選擇等法則上，自己也就不自覺地歸納出要如何善用「注意力」的六個要點：

（一）自己既然不可能讀遍一個領域中相關的書，就只能把自己的注意力集中在「一流書」上。

（二）不需要把自己當成「消息最靈通的人」，做資訊的奴隸，但要做善用資訊的人。

（三）善用「注意力」，「捨」才會「得」，就是善於掌握「優先次序」——分清哪些是重要及不重要。

（四）注意力難以聚焦的最大敵人，就是不肯說「不」。做人面面俱到，做事拖拖拉拉，講話拖泥帶水，決策左顧右盼，這就會產生「注意力匱乏症」。

（五）獲取資訊的原則：不在量，而在質；不在快速，而在精確；不在免費提供，而在是否實用。

（六）喪失注意力的人，等於喪失了自我；集中注意力的人，才能孕育創新；善用注意力的人，才能發揮生命力。

各位優秀的清華畢業生，當你們戴上了「注意力」的鏡片來看周邊一切，忽然一切都變得比以前清晰，它使你清楚地掌握優先次序，分辨那些該做，那些該放棄，那些該堅持。

這樣你才會有時間，有心情，優雅地做一位「內外兼顧」的人。

受人尊敬的沈教授

在台灣社會中，我尊敬那些在專業領域中表現出色的人，也嚮往一些在他們專業領域以外，表現得博學多才，擁有人文素養的人，清華前校長（一九九四～一九九七）沈君山教授，就是這樣傑出的一位。

我與沈教授相識四十多年，可惜近五年來他一直在清華校園的住宅中沉睡未醒，令所有認識他的海內外朋友心痛與懷念。剛才我和黃秉乾院士一起去看了他，輕輕地告訴他：「等一下我會對你最掛念的清華同學講話。」

沈教授一生瀟洒，自在地出入於科學與人文之間、學府與廟堂之間、台灣與大陸之間、本土與國際之間、愛情與友情之間。

沈教授最大的財富不是他擁有財富，而是他擁有專業與通識以及深厚的中華情懷。這真是清華同學值得向這位老校長學習的榜樣。

附錄三

從落後農業邁向文明社會

——「中興人」要熱情投入

高希均

二〇一四年七月，中興大學畢業典禮致詞全文

回到母校中興大學

「母校」就像「母親」一樣，孩子從那裡得到教養與啟蒙。對再平凡的孩子，母親總會說：「你有平凡中的偉大。」對那些工作努力的校友，母校則會慷慨地稱讚「你們都是傑出校友」；甚至贈送「名譽」學位。

回到當年的台中農學院，就像回到母親的身邊，感到那麼地自在、親切、溫暖。整整六十年前（一九五四），一個十八歲的青年，從南港眷村來到

文化城的台中做大一新生，那是學習之旅的第一站，也是一生之中讀書、立志、自我奮鬥的關鍵四年。沒有那基礎四年，就沒有以後教書的四十年。看到母校今天驚人的進步——包括那優秀的師資、圖書館、實驗室，格外值得現在的同學珍惜。

六十年前，母校只有九個系，九百多位學生，四年後（一九五八）全校畢業同學只有二百四十二位。六十年後的今天，中興大學已是一個充滿實力第三大的國立綜合性大學，共八個學院，近一萬七千名學生，在李德財校長全心投入下，已經擁有多項頂尖的特色領域。它在一九五〇年代協助了台灣擺脫落後的農業，近三十年來全校師生已全面投入了台灣的現代化。

我要向今年一百八十位獲得博士的新校友道賀。你們擁有了一張驕傲的專業名片「中興大學的博士」，你們是國家「中興」的資產和主力。

超越對立，走向文明

六十年前的台灣是貧窮與落後。經過了半世紀的全民努力，創造了台灣經濟奇蹟，正在邁向令人嚮往的文明社會；可惜近十多年來，我們引以為傲的「寧靜革命」，出現了「一半對一半」的僵持。財富分配是「貧窮對富裕」，兩岸關係是「限制對交流」，公共政策是「保護對市場」，人民心態是「白吃午餐對合理付稅」，年齡分配是「老齡化對少子化」，產業發展是「低勞力對高科技」，社會焦慮是「世代衝突對世代對話」。借用狄更斯的譬喻，台灣有二個：善良的台灣對私利的台灣、前進世界的台灣對退縮不前的台灣。

台灣人民一度引以為傲的「民主社會」出現了扭曲，「開放社會」出現了倒退，「公平社會」出現了偏差。上一代人已經付出了他們的心血：消滅了貧窮、普及了教育、樹立了民主、發展了科技，建立了小康社會。

緬懷他們的奉獻，我們要充滿感恩。這一代年輕人沒有悲觀的權利，必須奮起改進，勇敢地拿起接力的火炬，盡自身的責任。因此讓我們提倡更精緻、包容、進步的「文明社會」，做為全力以赴的新里程碑。

「文明」的課題一直受到重視，近年哈佛大學歷史學者弗格森的《文明》與哥倫比亞大學的經濟學者沙克斯所寫的《文明的代價》，都引起熱烈討論。

我們所嚮往的「文明社會」，是泛指匯聚的社群擁有：

（一）高度文化及科技成就。

（二）鼓勵多元創新的誘因制度。

（三）相互包容尊重的社會體系。

（四）維護永續發展的生活方式。

要構建及維繫這種「文明」，社會就要付出「代價」。一是需要巨額經費（如現代基本建設、一流大學、博物館、實驗室），這就是為「文明」所負擔的有形成本；另一方面難以數字表現，如具有文化素養的公民，熱心參與公眾事務，樂意分享財富，擁有公平正義的同理心等。這些均需要自己的時間與愛心的投入，就是無形的「代價」。

此刻在台灣人人要周延的健保，良好的教育，方便的交通，安全的退休制度；但是人人都不肯分擔所需的成本。當「自私的一半」佔上風，日本與美國等的巨大財政赤字提供了可怕的實例。

讓我們共同接受：除非是補貼低所得家庭及弱勢團體外，其他人必須要付較高的稅。北歐社會的好福利，來自人民的高稅率，而非政府的高虧損。如果「肯負擔」的「一半」能佔上風，台灣除了小確幸，也會擁有大未來。

「文明社會」是幾世紀以來在西方世界追求的理念；此刻台灣必須要靠全

民的付出，構建文明社會的最後一哩。

在文明社會，個人肯付出，社會才能進步，國家才有競爭力，這個次序不能顛倒。全民也要加快培養一種「盡一己之力，無一己之私」的情操。有能力地樂於分享，讓弱勢的得到適當的照顧。

讓我叮嚀：受過良好教育的「中興人」，要超越當年對農業的貢獻，熱情地投入現代文明社會的構建。

附錄四

經濟學家的人生實踐

——高希均教授的觀念傳播

孫震

高教授比我年輕，但在學術界比我資深，我在美國念博士的時候，高教授已經在美國大學教書，所以他是我的一位資深又年輕的好朋友。從一九六〇年代末開始，高教授就以實際行動積極參與台灣的經濟發展工作。

經濟學家的人生三階段

高教授跟我都是經濟學專業，都是大學經濟系教授，但高教授不一樣。我覺得六〇年代以後他的人生有三個階段。第一階段在八〇年代以前，他每年回來台灣宣揚新觀念。第二階段是創立天下文化事業群，他當時還沒有百分之百回來，人在美國教經濟學，但在台灣發展文化事業。第三階段是二〇〇〇年以後，他從威斯康辛大學榮譽教授退休回到台灣服務，貢獻他成長的社會，他是真的愛台灣的。

引進全球進步觀念

一九六〇年芝加哥大學舒爾茲（Theodore William Schultz）教授在美國經濟學會提出他的人力資本理論，高教授在一九六〇年代初期就把這個觀念引進台灣。一九六〇年代初，政府接受美國人力專家的意見，開始規畫人力發展，在國際經濟合作發展委員會成立人力規劃小組，由李國鼎先生擔任召集人，從此人力計畫成為台灣經濟計畫的一部分。高教授也不斷為台灣的經濟發展和人力計畫提供建言。

六〇年代後期到七〇年代，高教授差不多每年都回台灣，有時候不只一次，提倡他的新觀念。七〇年代全世界經歷一九七三年跟一九七九年兩次能源危機，七〇年代卻也是台灣經濟成長最快速的十年，那個時候是兩位數的成長，高教授常參與經濟政策的討論，對政府的政策發揮影響。

七〇年代後期開始，他逐漸跳出經濟學專業，進入更廣泛的人文社會領域。七〇年代後期以來，他提出很多膾炙人口的觀念，最先是「書櫃代替酒櫃」。台灣開始富有以後，很多家庭的客廳裡面擺了酒櫃，高教授提倡以書櫃代替酒櫃，以書香代替酒香，腹有詩書氣自華。他提倡讀書，其實從七〇年代就開始了。

他還引進傅利曼（Milton Friedman）的「天下哪有白吃的午餐」，大家至今耳熟能詳。他又說「錯誤的政策比貪汙更可怕」，也令人印象深刻，常加引用。

提倡「以書櫃代替酒櫃」，高教授是成功的，他應該感到欣慰。但是對於「天下哪有白吃的午餐」跟「錯誤的政策比貪汙還可怕」，我覺得高教授可能有一點耿耿於懷，因為我們國家沒能做到，畢竟這真是非常難的事情。特別是「天下哪有白吃的午餐」，由於人都會覺得不花錢的東西很好，但是從社會的觀察來看，不花錢的東西往往更貴，因為不花錢就會造成浪費，而且成本可能更高，社會因而付出更大的代價。他後來用各種不同的方式鼓吹不要有白吃午餐的觀念，不要做free rider搭便車。然而推廣這個觀念有一很大的困難在政客，他們偏偏喜歡施小惠，讓社會付出重大的成本，妨礙社會全面發展。我想勸高教授不必太介意，因為濤濤者天下皆是也，有些事是沒有辦法很快改變的。

高教授有一次見到傅利曼，問他一九七〇年代的代表語言是「天下哪有白吃的午餐」，那一九八〇年代的代表語言是什麼呢？這位諾貝爾經濟學獎得主，也是我們大家老師輩的朋友傅利曼回答說，八〇年代的代表語言是「魔鬼當選了公職，也不會變成天使」。不要指望魔鬼選上公職會變成天使，所以必須靠制度節制政客過度膨脹他們的權力。

我想傅利曼這句話放在今天的台灣社會，感受應該最為深刻，因為台灣的政客們最擅長的，就是用天使的手段達到魔鬼的目的；用一些討好選民的手段，施以小惠，所有的成本都不是從政客口袋裡面掏出來，而是由全國老百姓的錢支付，真是令人痛心。

從經濟學家轉變成哲學家

高教授在一九八二年創辦了天下文化以後，不斷擴充他的事業版圖，規模不斷擴大。他出版的第一本書《經濟人與社會人》，反映他跳出經濟學的專業領域，全面關照社會、文化的發展。孔子說「君子不器」，這不就是高教授的寫照嗎？

高教授在《經濟人與社會人》裡面提倡馬夏爾（Alfred Marshall）「溫暖的心，冷靜的腦」。我們很容易有溫暖的心，只是光靠熱忱是不夠的，必須冷靜下來，作全面有系統的觀察才能解決問題。這本書代表高希均從一位經濟學家向哲學家轉變。這是經濟學家通常在五十歲以後才會有的轉變，高教授在四十幾歲開始轉變了。

他出版的第二本書就是我的《成長與穩定的奧祕》。我沒有覺得我那時候的文章有出版成書的價值，但他給我所有的機會，鼓吹我加以出版。我為什麼講成長與穩定的奧祕？因為當時流行的觀念認為經濟快速成長，物價就不能穩定，如何在快速的經濟成長中維持物價的穩定，是七〇年代我們最關注的議題。以後天下文化又出版了我好幾本書，我要向高教授表達感謝之意。

讀一流書、做一流人、建一流社會

八〇年代以後，高教授又提倡新觀念：讀一流書、做一流人，建立一流的社會。只有經濟發展不夠，社會是人所構成的，人的素質全面提高，社會才能全面進步；人的素質如果不提高，經濟也不會繼續成長。

全面提高人的品質，要如何做到？最主要的就是讀書，不僅要讀書，而且要多讀書，讀好書，多讀好書，幫助我們變成一流的人，有一流的國民，才能創造一流的社會；三流的國民不可能創造出一流的社會。

所以高教授在台灣所做的是一個全面性、扎根的計畫。三十五年來，高教授出版了很多好書，讓很多讀者讀到好書，也讓很多人的好的想法和知識得到流傳的機會。這是高教授重大的貢獻，這樣的貢獻無法直接表現在GDP的成長上，如杜甫的詩句「潤物細無聲」，就像春雨一樣滋潤著萬物，雖然我們看不到，但是草木每一秒鐘都因此成長。

高教授的朋友很多，他是一位可以影響政府政策的人，但是他不會干擾政府的政策。孔子說：「不在其位不謀其政。」作為一個書生，表達了你的意見就好。我認為他很成功的扮演了書生貢獻社會發展的角色。高教授經常提出建言，建言不被接受，我也沒有看過他不高興；我有時候會發牢騷，但沒見過高教授發牢騷，他是一個有智慧而心境平和的人。他知道社會的發展就是這樣，每一個人做自己一部分的貢獻，剩下的是眾人之力所造成的大勢所趨，古人稱為天命。

身為布衣公侯，為社會創造價值

我看高教授就像是一位「布衣公侯」，他當然不是王侯，也不是政府官員，但他創造了遠見天下文化事業群，創造了所得、提供了就業，這些所得跟就業，是來自一個社會企業，不是為了自己的利潤，而是為了服務社會。

我一輩子都是提供自己的服務，拿人家的薪水，高教授不是拿人家的薪水，而是創造附加價值，付給人家薪水。天下文化事業群聘用了很多人才，很多人才進來了；很多人才在這裡成長、在這裡成熟，很多人離開了，在別的地方發揮他們的才華。高教授不僅為社會創造所得，也為社會培育人才。

開放，才是全球的主流

高教授主張開放。開放在一九六〇和七〇年代的說法是自由化（liberalization）。上個世紀六〇年代和七〇年代台灣的快速經濟成長，就是一個漸進自由化的過程。開放到了八〇年代叫鬆綁（deregulation），是解放政府的桎梏，讓經濟可以自由運行，使效率和生產力提高，其實也是自由化的意思。

我們看第二次世界大戰以後的經濟發展，為什麼發展中國家中南韓、台灣、香港和新加坡最先發展，被稱為四小龍？南韓是一個半島，其他三者都是蕞爾小島，小型經濟，自己的市場不大，自己的資源不夠，所以必須開放。開放了以後，就可以使用全世界的資源、全世界的市場、和全世界的人才科技跟資本，讓自己壯大。可惜我們現在種種作為自己把門關起來，讓外面的資源不願進來或者不敢進來，再加上島內「白吃午餐」的問題仍然存在，讓自己的資源流失，「自作孽，不可活」，經濟成長率降低是必然的結果。

此一時刻，讀高教授《翻轉白吃的午餐》的警示之言，我們每個人在憂慮之餘，仍須起而行，不做溫水青蛙。

（本文作者為前台灣大學校長、前國防部長、前工研院董事長）

附錄五

以華人軟實力，深思兩岸和平

——高希均教授對兩岸的貢獻

林祖嘉

早在一九九一年九月與高教授合作研究之前，我在學生時代就讀過高教授的文章，主要是經濟學領域的主張，例如「沒有白吃的午餐、高學費政策」等，都是經濟學界普遍能接受的想法，但是不一定被當時台灣政府與人民接受，比方高學費政策，即使到現在還是一樣會受到很多挑戰，他願意站出來講真話，當時就很敬佩他了。後來跟高教授做了一些研究，他還是持續把經濟學上很重要的理念，說得讓大家明白，又能與時事結合，這一點又是著實令人佩服。

高教授是成功的教育家和學者，他在三十五年前陸續創辦天下文化和遠見，推廣進步觀念，出版了很多書，在學術之外，他對華人世界的影響非常大。因為學術界貢獻的學術性文章，只有極少數的人看得到或者看得懂的，那影響的是少數人；但是高教授把這些很重要、在經濟學界很一致的看法，用很淺顯的方式寫出來或出版，讓大家可以馬上懂、立即吸收，而且很容易被這些觀念所影響，這是非常不容易的。我後來也受到高教授的影響，開始寫一些報紙上的文章，或者一些時事的評論。對於很多經濟學家而言，其實並不容易做到這一點，高教授做得比我們都好。

經濟學者的出版奇蹟，開放思維的台灣軟實力

現在回過頭來看遠見天下文化的創立，它完成了一個很重要的歷史任務，就是提升台灣的整個雜誌界與出版界的水準。然後高教授又提倡大家應該要用書櫃來代替酒櫃，這對一九八〇年代後經濟起飛的台灣文化，是相當重要的倡導，讓大家有更多的精神去看書，培養更深層的文化素養，讓台灣走向「富而好禮」的文明社會。如果你從這樣的角度來看《遠見》跟天下文化，還有高教授在做的這些事情，其實是幫台灣建立軟實力，這是非常大的

提升，而且一做就是三十五年，我覺得在這一方面的貢獻，可能台灣沒有任何一個經濟學家可以跟高教授來比的。

以他提倡眾多的進步觀念之一「開放台灣」為例，這絕對是一個正確的方向，或者是正確的想法。開放台灣是一個觀念，就是政府要開放，市場要開放，整個國家要開放，這是一個大的觀念。如果落到政策面，就是打造亞太營運中心，跟大陸有更好的經貿關係，就是開放跟大陸的市場，然後加入TPP，開放跟美國及TPP的市場，開放RECP跟東南亞國家的市場，這些都是開放的落實。

現在問題是要怎麼樣把它落實？台灣現在碰到最大的問題，還是兩岸關係，因為不同政黨對兩岸的政策不一樣；我們這邊政策不連貫，兩岸關係有了糾結。比方說在馬政府時代，我們希望開放兩岸，希望開放TPP，希望開放RECP，但是民進黨的看法不一樣，再加上大陸就在這些國際協議裡面，在兩岸關係不好的情勢下，如RECP就很難推行，只能努力試著走TPP的路。這樣的政策不連貫，最終只會侷限自己。

事實上，大陸是我們最大的市場，如果不有所作為，不論是哪一種開放，很容易事倍功半。談好大陸市場，做好兩岸關係，就比較容易事半功倍。

現在兩岸的糾結，讓台灣在開放的腳步上落後很多；在國際上，大陸的打壓讓我們開放的速度變得更慢，包含ECFA的簽定，以及ECFA的後續協商、希望加入TPP等，整個都停滯下來。台灣開放的速度不夠，導致今日經濟發展遲緩。

大陸推行一帶一路的政策，本來就有很多投資金額很大的商機。如果我們南向政策可以跟一帶一路結合，是有很多好的機會，但是因為我們現在跟大陸的關係沒有辦法處得好，所以走南向的時候，就會碰到一些壓力。馬政府時代的兩岸是互利互惠狀態，現在到了蔡英文總統，她不承認九二共識，兩岸變成了冷和的情況，現正慢慢走入冷對抗，例如大陸要去越南，就會要求越南採取一些政治上的立場，我們一點都不意外。如果沒有辦法跟大陸處在一個和平的狀態，雖然對大陸不見得有好處，但對台灣來講，可能會更慘。所以兩岸好，對雙方都好；兩岸不好，一定對雙方都不好。高教授很早就看到兩岸的深層問題，提倡要開放台灣。但是我們現在走的速度，實在是有點慢。

給別人自在，永保著樂觀

回想當年跟高教授一起合作，一起到大陸去了解與研究台商的情況，我有很多機會認識高教授，尤其是人格上的一些特質。他很不一樣，比方說平易近人，不管面對多大的大官，還是像我這樣從海外回來的年輕教授，或者學生，高教授完全是以平輩或者朋友的方式來對待大家，所以與他討論問題或聊天，完全沒有壓力；我相信遠見的員工跟他共事，也是一樣沒有壓力，這是一個很特別的人格特質。

另外一個就是樂觀。高教授很樂觀、親切，我們常常一起出去做研究，只要是有他在的地方，一定就是笑聲不斷，大家非常歡樂，跟他在一起是很愉快的。因為大家都很喜歡跟他在一起。

最後一個我覺得特別的就是，高教授非常的慷慨大方。不只是金錢或者財務上的，高教授平常做很多公益以外，我們如果有一些問題去問他，他會毫無保留的跟你談他對這件事情的看法。這幾個特性讓大家與高教授相處時，感覺自在，對於遠見天下文化這個大家庭而言，高教授就好像一顆和煦的大太陽，如陽光般溫暖的照在每一個員工的身上，包含我自己也一樣，《遠見》能夠有今天這麼順利的發展，我想高教授在裡面扮演非常重要的角色。

歷史上的兩岸，傳遞和平的旗手

除了在他自己開創的遠見天下文化扮演重要角色，高教授在兩岸問題與決策上，也是有著很資深的角色。一九八〇年代末期，台灣開始籌辦國家統一委員會，接著制定國家統一綱領，乃至後來一九九二年兩岸簽署文件而成的九二共識，高教授一直參與其中，不僅發揮影響力，也做了些兩岸的實質溝通。我和他於一九九一年開始進到大陸，高教授當時又是海基會的董事，所以有機會與大陸官方人員交流，我曾經跟高教授在上海遇上時任海協會副祕書長唐樹備，有過不少的談話。高教授以經濟學者對兩岸的主張和看法，促成雙邊的和平與發展，具有貢獻。

大陸對台的系統，除了海協會的人員以外，國台辦下還有省台辦、市台辦，當時政府並未完全開放，包括汪道涵先生在內，我們都有機會接觸到，高教授把很多台灣的一些想法，跟大陸做一些溝通。高教授不是直接官方的身份，但是我相信，他在兩岸和平的溝通上，在兩岸交流的地位上，我個人覺得影響力非常大。

站在進步的世界，標識台灣的未來

一九五九年就到美國念書，五年後出來教書，高教授在美國四十年，全球視野是他做事的標準。就以美國百人會為例，那裡面有一百位傑出華人，但是他們常常回到台灣或大陸，傳遞各產業重要的新知識與想法，高教授就在這裡面扮演很重要的平台角色。《遠見》全球華人企業領袖論壇辦了十多年，每一年都有很多全球企業菁英及領袖人物到台灣來，大家有很多的接觸交流，高教授以《遠見》搭建一個華人平台，讓兩岸三地的華人菁英在全球視野下開創一個未來的可能，也因此讓台灣可以持續站上世界潮流的舞台之上。

（本文作者曾任行政院陸委會副主委、國發會主委，
現為國立政治大學經濟系教授）

高教授與林教授皆為當代經濟學家，共同合編合著書籍有四種，皆為探討全球經濟及兩岸經貿。天下文化於今年八月三十日重新改版兩人合著的經典之作：《經濟學的世界》，原書分上、中、下，共三冊，新版合為兩冊：《經濟學的世界（上）：人人都要懂的個體經濟學》、《經濟學的世界（下）：富國安民的總體經濟學》。

——編按

附錄六

高希均中文著作年表

（一）自己寫的書

書名	年份	出版處
1. 經濟發展導論	一九六二	美援運用委員會
2. 人力與經濟發展	一九七〇	經合會
3. 人力經濟與教育支出研究	一九七二	經合會
4. 一個知識份子的感受與期望	一九七五	學生書局
5. 天下哪有白吃的午餐〈獲評為台灣三十本最有影響力的書之一〉	一九七七	聯經
6. 開放的觀念	一九七八	聯經
7. 迷思中的沉思	一九八〇	爾雅

8. 共產世界去來　一九八〇　聯經
9. 經濟人與社會人　一九八二　天下文化
10. 以色列紀行　一九八二　明德基金會
11. 溫暖的心、冷靜的腦　一九八四　天下文化
12. 做個高附加價值的現代人　一九八六　天下文化
13. 成長的經濟　一九八七　國立編譯館
〈國中公民與道德第五冊〉
14. 傳播現代觀念　一九八八　台灣省訓練團
15. 對有權人說實話　一九八八　天下文化
16. 追求活的尊嚴　一九九〇　天下文化
17. 經濟學的世界〈上、下〉　一九九一　天下文化
〈獲社會科學類優良圖書金鼎獎〉
18. 大格局　一九九二　天下文化
19. 觀念播種　一九九四　天下文化

20. 優勢台灣　一九九四　天下文化
〈獲社會科學類推薦金鼎獎〉
21. 新台灣人之路　一九九八　天下文化
22. 讀一流書．做一流人　二〇〇一　天下文化
23. 高希均筆下的人與書　二〇〇三　天下文化
24. 反冷漠的知識人　二〇〇三　天下文化
25. 八個觀念改善台灣　二〇〇四　天下文化
26. 我們的V型選擇　二〇〇七　天下文化
—另一個台灣是可能的
27. 高希均教授的經濟學堂DVD　二〇〇七　天下文化
28. 閱讀救自己　二〇〇九　天下文化
29. 寧靜革命不寧靜　二〇一二　天下文化
30. 開放台灣　二〇一五　天下文化
31. 翻轉白吃的午餐　二〇一七　天下文化

（二）主編的書

書名	年份	出版處
1. 美國人文及社會科學論文集	一九七三	學生書局
2. 美國通貨膨脹及對策	一九七五	聯經
3. 教育經濟學論文集	一九七六	聯經
4. 前進的思索	二〇一二	天下文化

（三）合著與合編的書

書名	年份	出版處
1. 我國大專畢業生專長利用之調查分析〈與徐育珠合著〉	一九七六	教育部教育小組編印
2. 台灣經驗四十年〈與李誠合編〉	一九九一	天下文化
3. 台灣經濟發展〈與李誠合編〉	一九九二	北京國際文化

4. 台灣突破—兩岸經貿追蹤〈與李誠、林祖嘉合著〉〈獲社會科學類優良圖書金鼎獎〉 一九九二 天下文化

5. 台灣經驗四十年〈上、下〉〈日文版，與李誠合編〉 一九九三 東京連合

6. 台商經驗—第一手現場報導〈與林祖嘉、林文玲、許彩雪合著〉〈獲倫敦金融時報第一屆亞洲企管優良書籍〉 一九九五 天下文化

7. 台灣經驗再定位〈與李誠合編〉 一九九五 天下文化

8. 競爭力手冊〈與石滋宜編著〉 一九九六 天下文化

9. 經濟學的世界〈上、中、下〉〈與林祖嘉合著〉 一九九七—九八 天下文化

10. 三人行看台灣新價值〈與張作錦、王力行合著〉 二〇〇〇 遠見

11. 知識經濟之路〈與李誠合編〉 二〇〇〇 天下文化
12. 一流書、一流人、一流社會——二十一位知識領袖的閱讀箴言〈與王力行合編〉 二〇〇二 天下文化
13. 兩岸經驗二十年——一九八六以來兩岸經貿合作與發展〈與李誠、林祖嘉合編〉 二〇〇六 天下文化
14. 生活經濟學——十五位超級教授帶你從生活看經濟〈李誠主編〉 二〇〇八 天下文化
15. 思維遠見 二〇一一 天下文化
16. 百年仰望 二〇一一 天下文化
17. 我們生命裡的七七 二〇一四 天下文化
18. 星雲智慧 二〇一五 天下文化

（四）在中國大陸出版的書

書名	年份	出版處
1. 經濟人．社會人．文化人	一九八九	北京國際文化出版公司
2. 天下哪有白吃的午餐	一九九六	北京三聯書店
3. 觀念播種	一九九八	北京三聯書店
4. 構建一個乾淨社會	一九九九	上海三聯書店
5. 經濟學的世界〈上、下〉〈與林祖嘉合著〉	二〇〇〇	北京三聯書店
6. 觀念創造奇蹟——全球著名華人經濟學家隨筆集	二〇〇二	四川人民出版社
7. 閱讀救自己	二〇一一	人民出版社

國家圖書館出版品預行編目(CIP)資料

翻轉白吃的午餐：台灣從小龍年代到溫水青蛙的警示 / 高希均著. -- 第一版. -- 臺北市：遠見天下文化, 2017.08

面；　公分. -- (社會人文；BGB448)

ISBN 978-986-479-274-0(精裝)

1.言論集 2.時事評論

078　　　　106012449

社會人文 BGB448

翻轉白吃的午餐

台灣從小龍年代到溫水青蛙的警示

作　者 — 高希均
事業群發行人／CEO／總編輯 — 王力行
資深行政副總編輯 — 吳佩穎
責任編輯 — 吳佩穎
封面設計 — 張議文

出版者 — 遠見天下文化出版股份有限公司
創辦人 — 高希均、王力行
遠見・天下文化・事業群 董事長 — 高希均
事業群發行人／CEO — 王力行
天下文化社長／總經理 — 林天來
國際事務開發部兼版權中心總監 — 潘欣
法律顧問 — 理律法律事務所陳長文律師
著作權顧問 — 魏啟翔律師
地 址 — 台北市 104 松江路 93 巷 1 號 2 樓
讀者服務專線 — (02)2662-0012　傳 真 — (02)2662-0007；2662-0009
電子信箱 — cwpc@cwgv.com.tw
直接郵撥帳號 — 1326703-6 號 遠見天下文化出版股份有限公司

電腦排版 — 立全電腦印前排版有限公司
製版廠 — 東豪印刷事業有限公司
印刷廠 — 祥峰印刷事業有限公司
裝訂廠 — 精益裝訂股份有限公司
登記證 — 局版台業字第 2517 號
總經銷 — 大和書報圖書股份有限公司　電話／（02）89902588
出版日期 — 2017 年 8 月 15 日第一版
2019 年 7 月 16 日第一版第 6 次印行

定價 — NT 480 元
ISBN — 978-986-479-274-0
書號 — BGB448
天下文化官網 — bookzone.cwgv.com.tw